昭和11年当時の門司港駅。外壁塗装色が建設当時と変わっている（提供：三宅俊彦氏）

明治34年に開業した初代下関停車場。開業当時の駅名は馬関停車場である（提供：三宅俊彦氏）

門司と海峡

歴女、鉄男と訪ねる

佐々木いさお

海鳥社

はじめに

門司港地区は奈良時代、門司関（または文字関）と呼ばれ、交通の要衝である杜崎駅があった。室町時代には明との勘合貿易に際して貿易船の基地にもなったが、江戸時代に入ると本州への渡海地は大里や小倉に移り小さな漁村になった。しかし明治二十二（一八八九）年に特別輸出港に指定され、明治二十四年九州鉄道が開通すると、大陸貿易や石炭積出をする港となる。明治三十年代以降は発展の速度が急速に速まり、日本有数の貿易港として繁栄した町である。その後、関門鉄道トンネルの開通、敗戦、そして新幹線の通過などで、交通の要所から次第にレトロの町へと変身した。

過ぎ去った海峡の航跡をたどると近代日本の縮図が見えてくる。さらに、レトロ門司の未来像は他の町にない貴重な過去の道のりを知ることから発見できるだろう。セピア色の港・鉄道・繁華街や追憶の映画館・米騒動・空襲などから激動の近代門司をコミカルに振り返ってみる。出光佐三、佐藤栄作、林芙美子ら偉大な先人が青春時代に駆け抜けた桟橋通りや平家の悲しみが聞こえる柳ヶ浦、鈴木商店の先進的な工場群が面影を残す大里小森江付近も探訪することにした。

歴史好きの歴女さん、鉄道好きの鉄男君と一緒にレッツゴー。

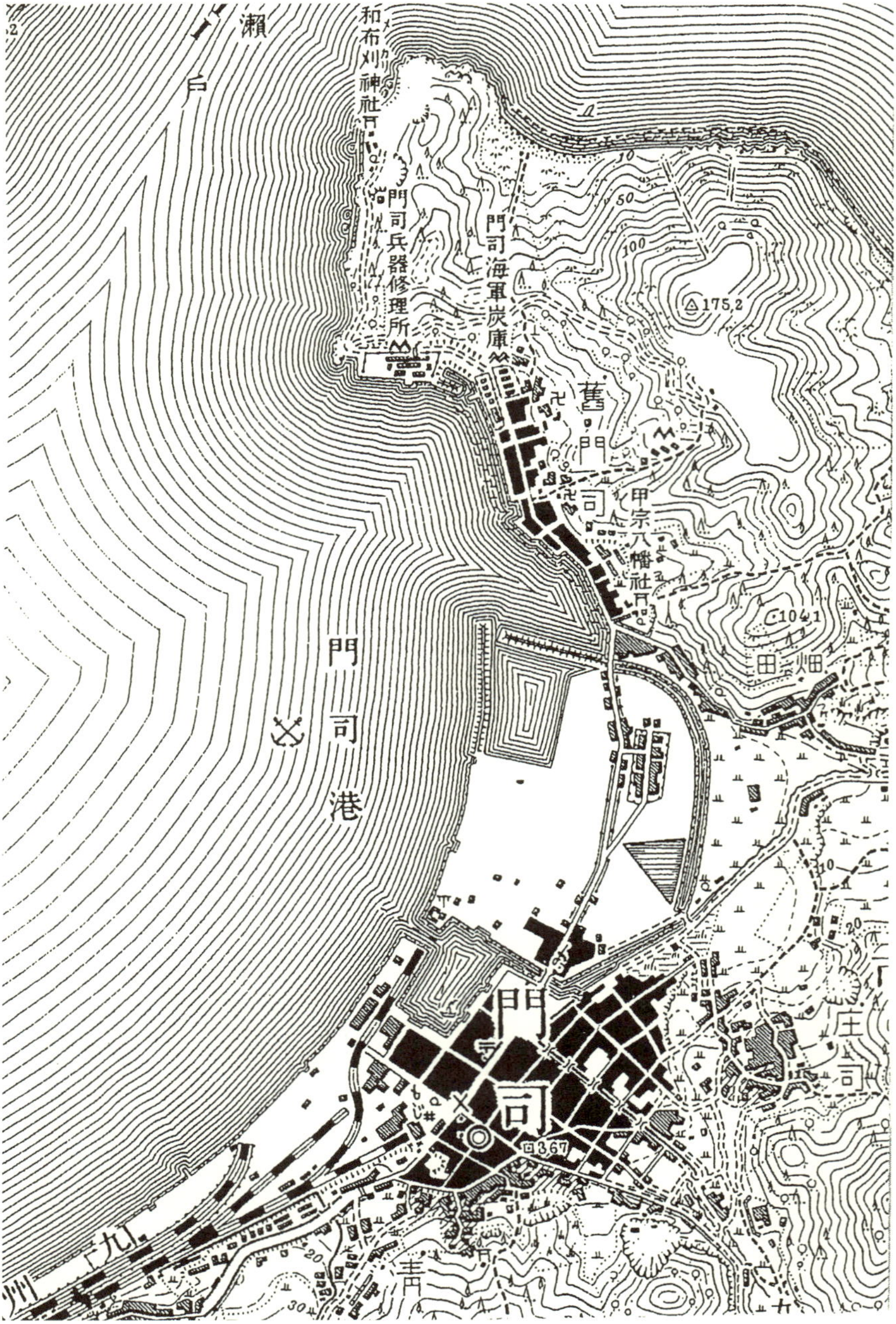

地図1　明治32（1899）年の門司港地図

埋立地を囲む水路と八幡橋、鎮西橋、初代門司駅が分かる

（国土地理院発行地形図「赤間関」より）

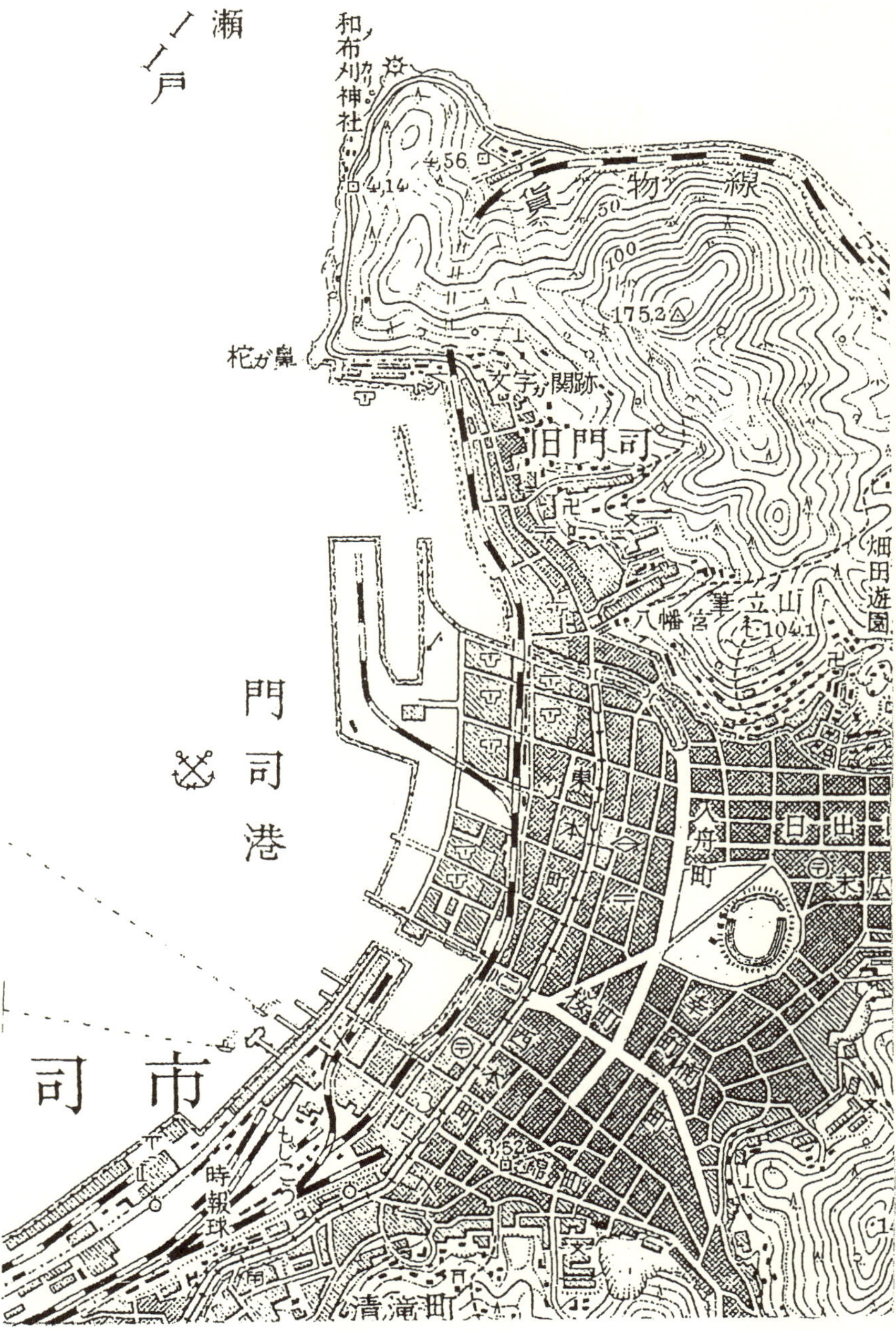

地図2　昭和25（1950）年の門司港地図

門司埠頭駅、旧門司野球場があり、国道トンネルはない
（国土地理院発行地形図「赤間関」より）

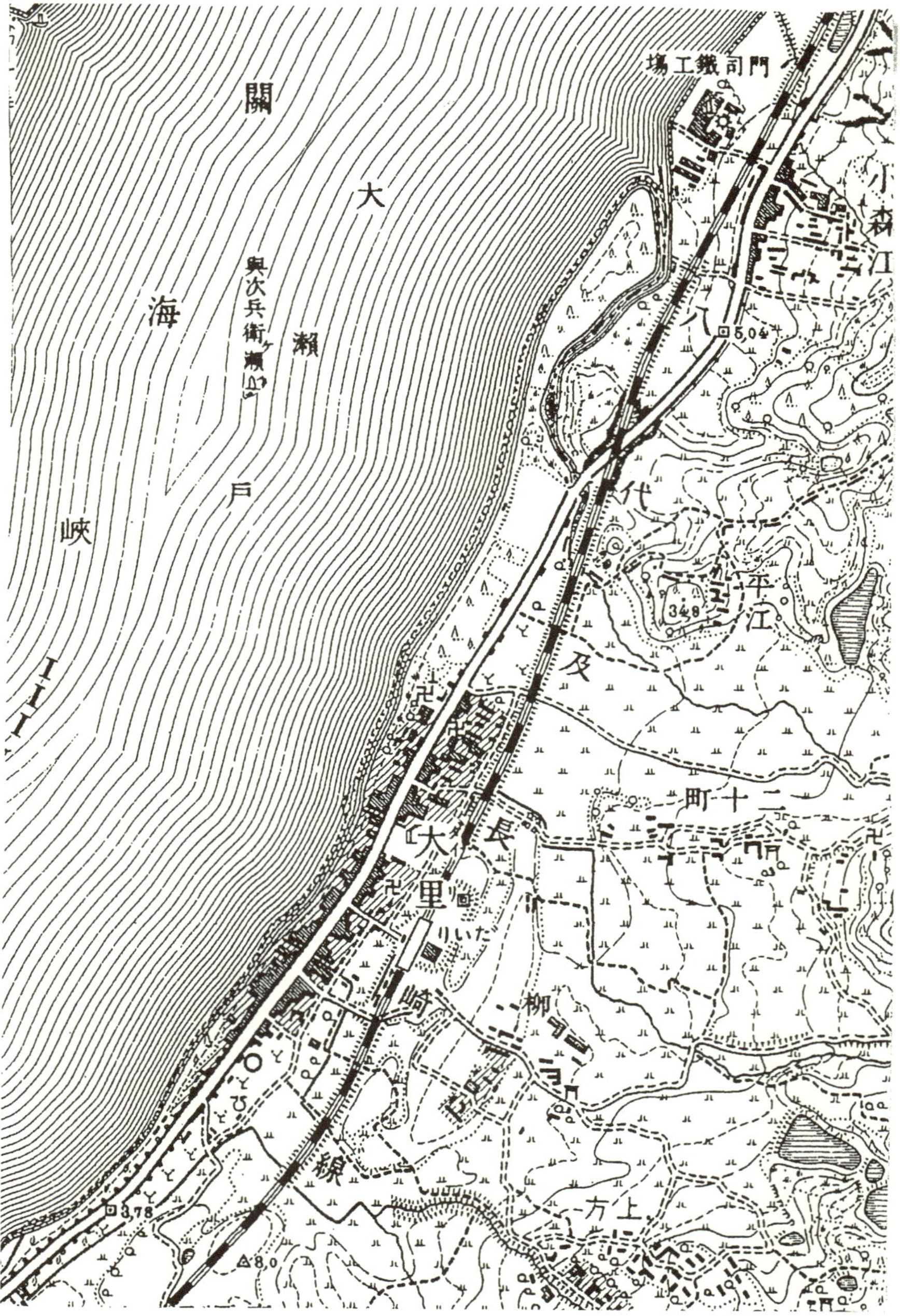

地図３　明治32（1899）年の小森江から大里駅付近

与次兵衛瀬が海峡の中央にあり、国道が大里海岸沿いにある
（国土地理院発行地形図「大里」より）

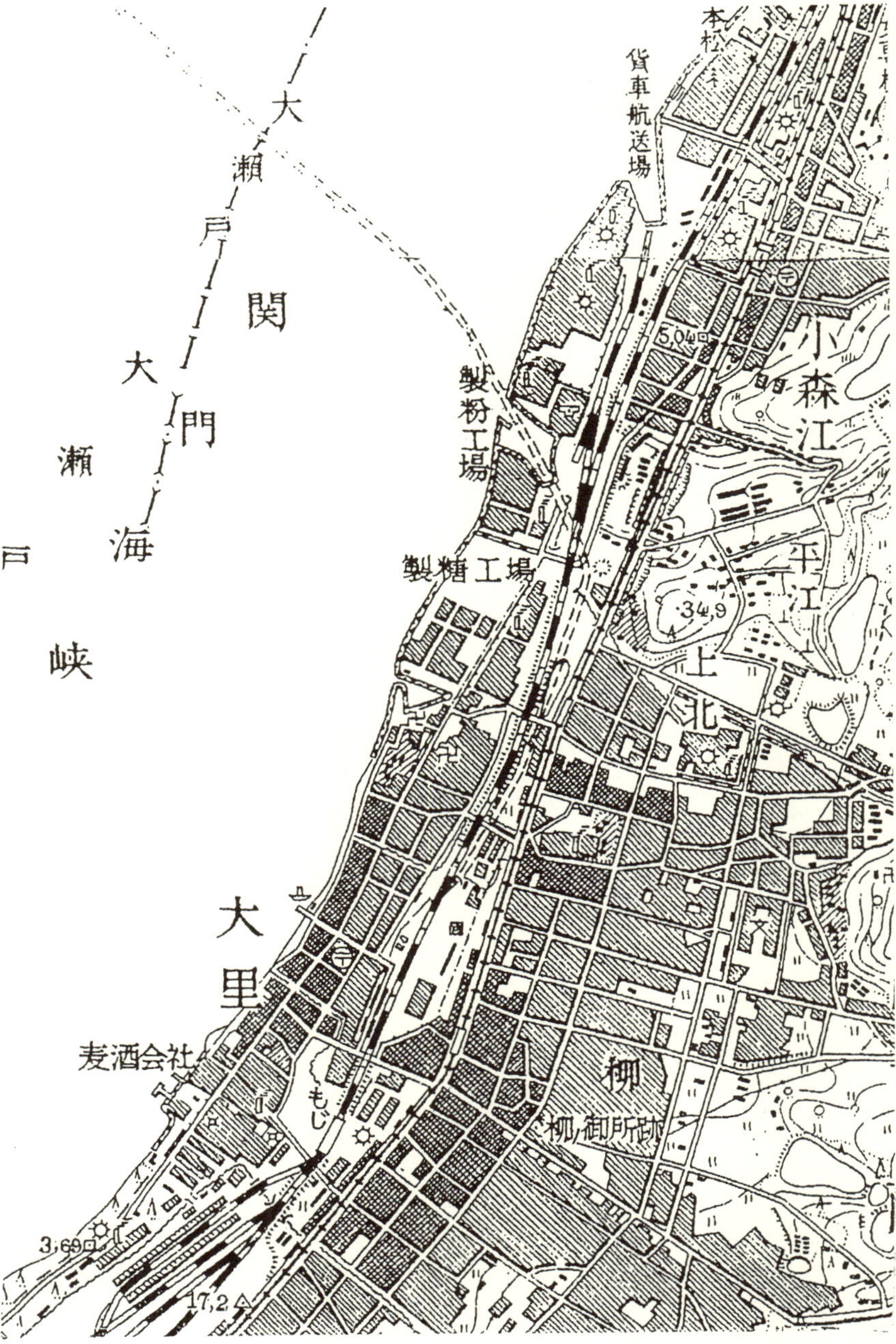

地図4　昭和25（1950）年の小森江から大里駅付近

貨物航送場はまだ健在、門司駅と明治期の大里駅が比較できる
（国土地理院発行地形図「小倉市」より）

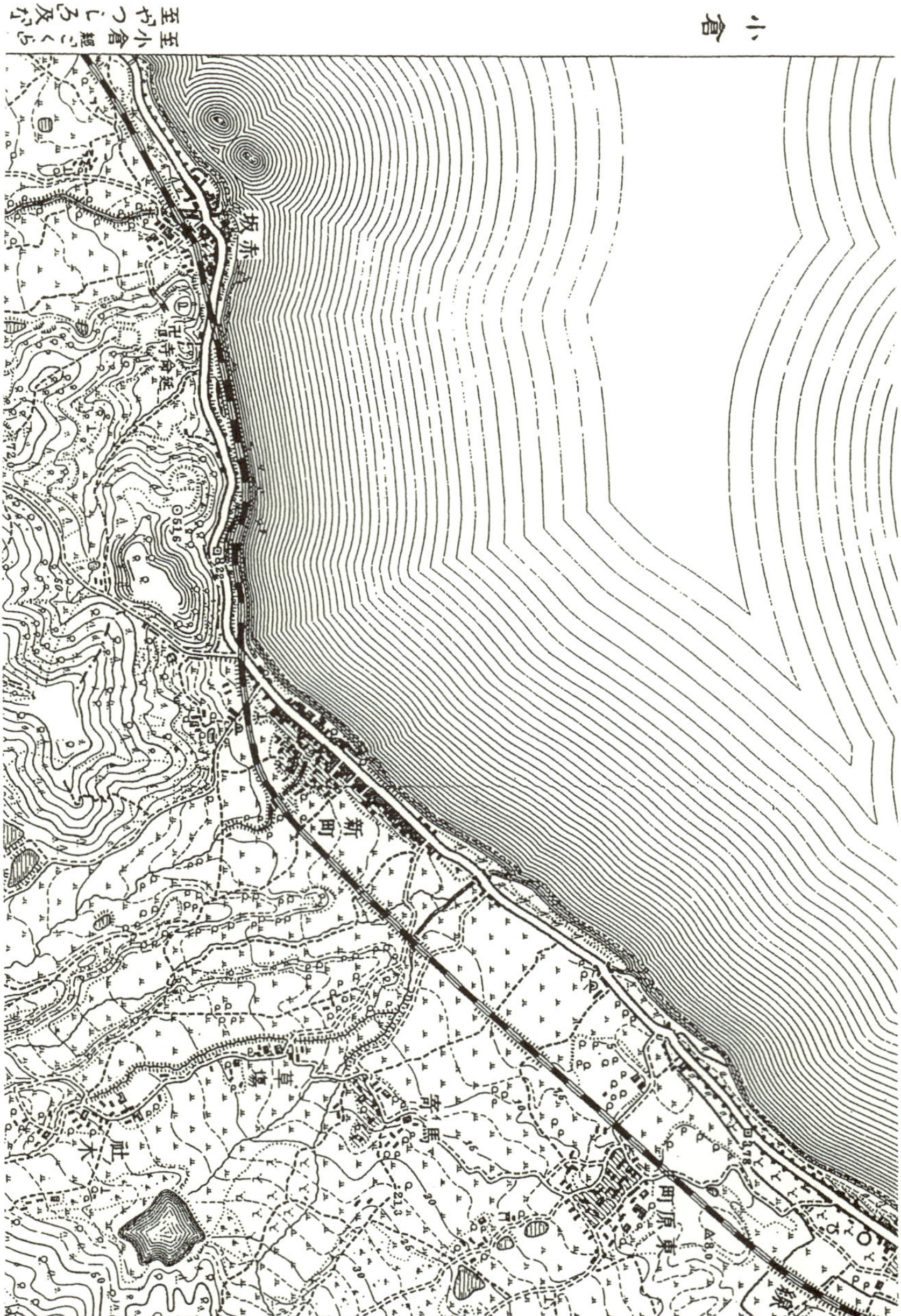

地図５　明治30（1897）年の新町から赤坂付近

国道は海岸線に近く、手向山付近の鉄道線は海際である
（国土地理院発行地形図「大里」より）

門司と海峡◉目次

門司と海峡

歴女、鉄男と訪ねる

1 昔は塩田だった東本町が輝いた日

塩田埋立地の発展

東本町あたりは明治三十（一八九七）年から昭和八（一九三三）年まで堀川と呼ばれる水路があった。門司第一船溜から鎮西橋、門司文化会館前、旧門司一丁目あたりより第二船溜へとU字状に続く水路である。もともと、この中は入り江であったが、文化十四（一八一七）年に周防国徳山の川口屋籐兵衛により門司塩浜堤防が築造され、塩田経営が始まっている。明治二十年ごろの平均製塩高は一万一七〇七石二斗八升八合で、収益は六九四円余りと少なく、経営は厳しい状況で村民は困っていた。しかし、周防灘と日本海の清らかな潮が混ざり合い、きっと旨い塩であっただろう。

明治十九年から二十年にかけて地元有力者や福岡県庁、内務省などでも門司築港埋立の計画が積極的に立案されたものの、多大な工事費用が掛かるため民間資本で進められることになった。

明治二十一年に設立された門司築港会社（当初資本金二十五万円）により、明治二十二年七月から塩田埋立第一期工事が始まると同時に、五品目（米、麦、小麦粉、石炭、硫黄《いおう》）に限り輸出が認められる特別

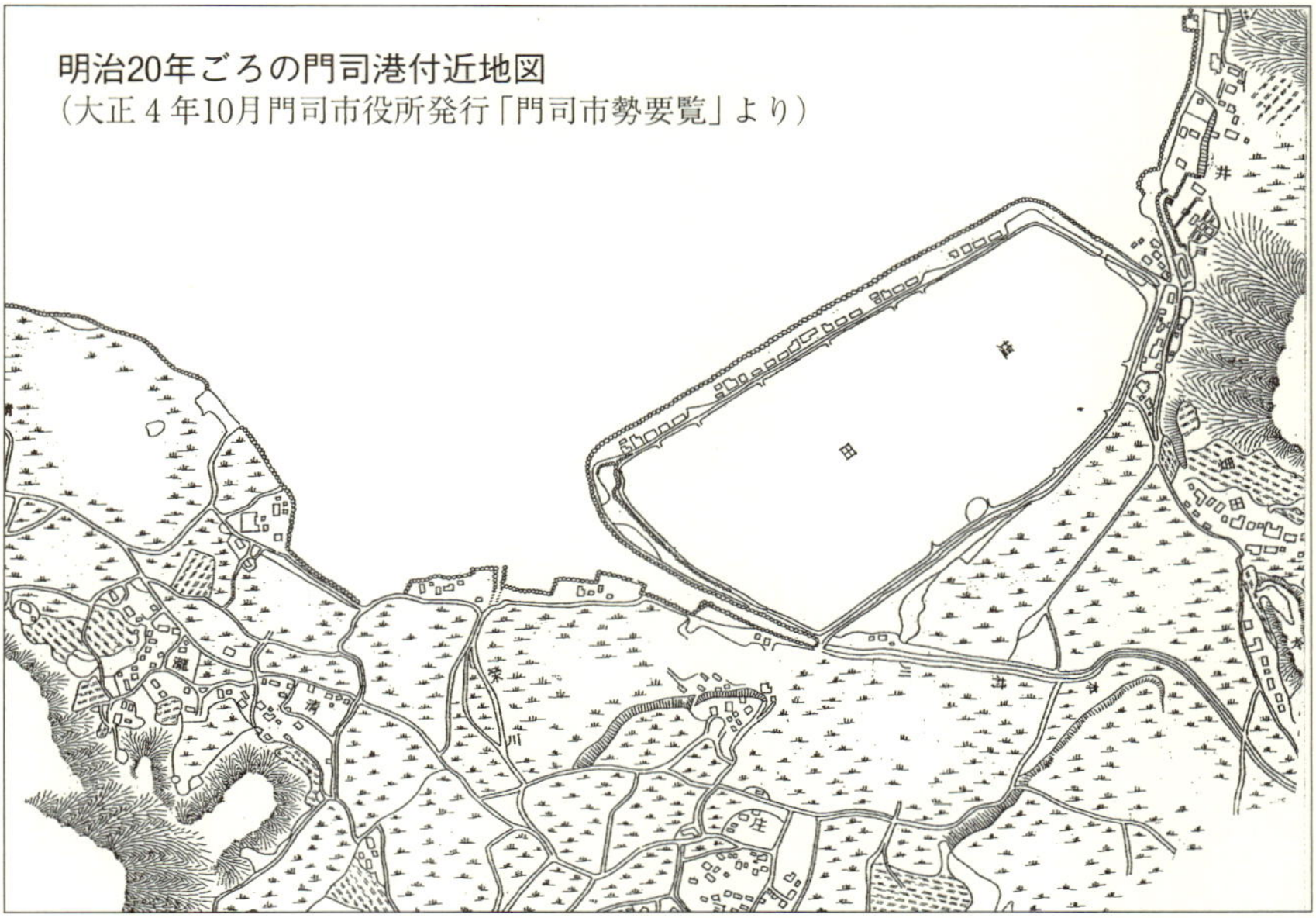

明治20年ごろの門司港付近地図
（大正４年10月門司市役所発行「門司市勢要覧」より）

輸出港に指定された。

明治の初めより、横浜、神戸、大阪、函館、新潟、長崎の六港が外国貿易を認められていたが、特別輸出港規則が公布されると同時に、門司、下関、博多、唐津、四日市、口之津、三角、伏木、小樽が特別輸出港として認可された。

当時、門司の輸出品は少量の石炭と塩ぐらいであり、企業も九州鉄道、門司築港会社、門司精米会社のわずか三社であったが、明治二十四年四月に鉄道が開通したことで筑豊炭の輸出が始まり、貿易港として大発展することとなる。

当時の急激な発展ぶりを伝える資料は多いが、『門司港』（坪谷氏・明治三十五年）の一部を抜粋すると、

特別輸出港時代の輸出額

明治二十三年	三四二、八三〇円
明治二十七年	一、四一七、九五八円
明治三十一年	六、一六六、九二四円

開港後輸出入額

明治三十二年　六、七九四、九四四円

明治三十三年　九、一四五、二三二円

明治三十四年　一八、八五二、五一三円

十二年間で実に五十五倍の貿易額となった。

門司発展の原動力は築港整備であるが、門司築港会社設立に尽力した高島義恭《たかしまよしたか》（一八五三―一九二六年）を知る人は少ない。彼は安場《やすば》保和福岡県知事に門司築港の重要性を説いて門司築港会社を組織することに成功し、取締役となった。肥後熊本生まれで、西南戦争では薩摩軍に応じている。明治二十四年より三十一年まで細川家家扶として同家に尽くした。門司築港の後、朝鮮釜山埋築会社を設立し、釜山港や釜山市街の整備と繁栄の基礎を作った男である。

なお、塩浜埋立て工事を請け負った門司築港会社の大株主には、「日本資本主義の父」と言われた大実業家で大蔵官僚の渋沢栄一（一八四〇―一九三一年）や、明治の「セメント王」「埋立て王」の異名を持ち東京湾京浜工業地帯などの埋立てに大きな成果を上げた浅野総一郎が名を連ねていた。

余談であるが、小倉築港も浅野総一郎（一八四八―一九三〇年）が請け負った工事で、JR小倉駅海側埋立地の町名は彼の名前より「浅野町」、その北側の埋立地は浅野家の家紋である扇から「末広町」と決められた。小倉築港工事は大正十四（一九二五）年十月二十六日に始まり、昭和四年十二月二十五日に完成予定であったが、昭和十一年に完成した。

明治二十四年竣工の門司築港第一期工事では、西海岸通り・第一船溜・西本町付近が埋立てられ、港湾が形成された。明治三十年竣工の第二期工事では、東本町付近の塩浜埋立てが進み、一万五千坪の土地が造成され、埋立地の周囲には第一船溜と第二船溜を結ぶ幅一二メートルほどの水路が造られた。そして、その埋立地を南北に横切る国道が造られ、水路には橋が架けられた。和布刈《めかり》寄りの旧門司一丁目信号機あたりにあった橋は八幡橋、桟橋通り寄りは鎮西橋である（巻頭の地図1参照）。その名残は鎮西橋跡付近にある墓石のような古めかしい石碑にわずかながら残っている。

当時、堀川と呼ばれたこの水路は、沖仲仕（港湾労働者）を沖の本船に送る多数の小舟が出入し、潮の香る朝は活気と賑わいに溢れていた。小樽運河のような風情ある光景は想像しがたいが、水路の近くにある常磐町や大阪町あたりの路地裏には木賃宿や沖仲仕たちが住む粗末な納屋が立ち並び、その日暮らしの貧しい人々が肩を寄せ合って生きる社会があった。

わずかに当時の名残がある鎮西橋の碑

井戸水などの衛生状態の悪さによる伝染病流行も、住民の苦しみを大きくした。門司では明治三十三年から大正九年まで数回にわたりコレラが流行して千人以上の死者を出し、赤痢や腸チフスなども頻繁に発生した。門築電車の大久保海岸停留所前にあった門司伝染病院には、多くの患者が収容されたのだろう。

堀川水路の両岸は御影石を積んだ石垣であ

堀川より見た鎮西橋と田野浦へ行く臨港鉄道の鉄橋

ったが、旧門司一丁目一番の海岸にある石積は当時の名残ではあるまいか。

貧困層の住む路地裏とは一変、塩浜埋立地内の発展には凄まじいものがあった。大正から昭和にかけての内本町は、カフェや西洋料理店、遊郭などで華やぐ歓楽街に変身し、西本町から東本町にかけては銀行や商社が建ち並ぶ金融街に大発展した。

堀川と呼ばれたこの水路は、町の発展と共に次第に汚れも目立ち始め、昭和八年に埋立てられて道路（堀川通り）となったが、その一部分は今もコンクリートの蓋をかぶせた暗渠となっている。

「鎮西橋あたりに埋もれた堀川を数十メートルでも復元し、木橋を架けてはどうだろう。当時のように紅提灯を掲げた『かき船』を浮かべれば、若い人で賑わった内本町の記憶が蘇り、大正ロマンの風が吹いてくるかもしれないね」と鉄男君がつぶやいた。

——時代は大正末期、咽《むせ》ぶような夜霧の中に、遠くから霧笛が聞こえる内本町があった。内本町に繋がる堀川橋に夕闇が迫るころ、橋の袂に佇む女は、川面に揺らぐかき船の明かりを眺めながら涙していた。
セピア色の堀川は未練と恨みを流す川、華やいだ夜の内本町は毒蛾や蝶が舞っていた――

電車・バスの変遷

明治、大正、昭和の時代に門司や下関を走った電車・バスはどうだったのだろうか。門司地区の九軌電車、後の西鉄北九州本線の変遷を追ってみよう。

九軌（後の西鉄電車）の開通

明治四十四（一九一一）年六月五日、埋立地を横切る国道に九州電気軌道（略称・九軌）が開通した。「東本町二丁目」から「大蔵」までの区間である。

開業当時の停留所は少なく、東本町（東本町二丁目）・鎮西橋（日本銀行前）・桟橋通り（停車場前）・広石、白木崎（白木崎セメント会社前）・葛葉《くずは》・小森江・大里《だいり》・新町……（途中省略）……大蔵と続く。なお（）内は大正初期まで使われた停留所名。

明治四十四年七月十五日に「大蔵」―「黒崎駅前」間開業。同年八月二十一日には終点が、「東本町二丁目」より一〇〇メートルほど軌道が伸線された「東本町三丁目」に変更された。

大正三（一九一四）年四月八日、軌道は東本町三丁目よりさらに三〇〇メートル伸線され、終点の「東本町六丁目」電停が新設された。この終点の名称は「八幡橋」と変更され、さらに「門司」となった。

「鉄男さん、東本町六丁目電停が八幡橋や門司電停に変わったのは、いつごろなの」

「ぼくも知らないが、大正三年発行の門司新市街図には『東本町六丁目』が見られるし、大正十三年と昭和八年発行の地図に『八幡橋』が見られ、西日本鉄道の停留所案内図では『門司』と表示されているよ。昭和十七（一九四二）年に国鉄の『門司』駅が『門司港』駅に変更され、九軌も西鉄に集約されたから、そのころ『門司』に変更されたかもしれないね」

大正三年六月二十五日、「黒崎駅前」―「折尾《おりお》」間が開業し、九軌北九州本線の東本町六丁目―折尾間が全通した。

開業当初の車両は全長一一メートル、幅二・三メートルの木造二軸ボギー車、雨の日には運転手が合羽を着て乗務するオープンデッキ形式で、屋根はダブルルーフの形状をしていた。車体は川崎造船所で造られ、電装品はGE社及びJ・Gブリル社製であった。

桟橋通りから白木崎にかけての九軌の電車線路は、やたらS字カーブが多かった。明治期の線路敷設工事ではカーブの半径が小さいほど技術が高いとの評価があったらしく、競って小半径のS字カーブを造ったという。曲線区間に使用したドイツ製の路面軌道用溝付きレールを、歪みもなく曲線に加工することは難しい技術だったのかもしれない。

開業当時の明治四十四年より大正十年までに製造された1号車から65号車はオープンデッキの木造ボギー車であったが、昭和四年製造の66号車以降は車体外装が鋼製になった。昭和十七年九月二十二日、九軌は西日本鉄道に統合された。

戦後初めての新型車は、昭和二十三年に入線した全長一三メートル余りの５００系車両である。この長

東海岸通りの広場にある西鉄北九州線の電車

い車体が急カーブを通過する時、曲がりきれるか不安を感じた。昭和二十五年には６００系電車が五十両も増車された。さらに、昭和三十年、二両連接車の１０００系が投入された。

昭和三十七年になると１０００系に中間車が組み込まれ、全長二三・七メートルもある三両連接車が走り始めた。この電車は欧州ＬＲＴのようなロングボディをしており、人目を引いた。西鉄大牟田線では、昭和十八年十月十二日に５００形連接車が投入されているから、西鉄が連接車両の本家かもしれない。

昭和四十二年に北九州線の車両数は三〇七両（北方線三十両を含む）に達し、ピークを迎えた。

その後、乗客数は減少への道をたどり、昭和六十年十月二十日、門司－砂津間の軌道は廃止された。廃線区間はさらに広がり、平成十二（二〇〇〇）年十一月二十六日に折尾－黒崎駅前間の廃線で西鉄北九州線は幕を閉じた。廃線当時の停留所名は、門司・東本町・鎮西橋・桟橋通・広石・風師《かざし》・葛葉・二タ松町《ふたまつちょう》・片上・小森江・市立門司病院前・大里東口・大里・門司駅前・原町・社ノ木《しゃのき》・新町・赤坂・上富野三丁目・上富野一丁目・砂津……終点の折尾と続いていた。

話は逸れるが、昭和十七年九月二十二日、九州電気軌道を軸に福岡県内の五社が合併し西日本鉄道が設立されたが、その五社とは九州鉄道、福博電車、博多湾鉄道汽船、筑前参宮鉄道と九軌のことである。JR鹿児島本線の前身である九州鉄道と西鉄大牟田線の前身である九州鉄道とは、社名は同じであるが全くの別会社であったことを知らないと、以後の話は混線してしまう。また、北九州鉄道は北九州高速鉄道（モノレール小倉線）とは無縁の鉄道であり、南博多より東唐津を経て山本まで走っていたガソリンカー（気動車）の鉄道である。大正十二年十二月五日に開業し、昭和十二年十月一日、国鉄に買収され筑肥線となった。

門築電車の建設

大正十二（一九二三）年十二月には「東本町二丁目」より「田ノ浦」までの区間を走る門司築港線（通称・門築電車）が建設された。九軌北九州線「本町」停留所近くの「東本町二丁目」から日ノ出町通りを直進し「日ノ出町二丁目」「日ノ出町七丁目」「日ノ出町九丁目」「大久保越」と進み「大久保海岸」を右折して海沿いに「新開」「田ノ浦終点」の区間を走る路線である。この路線は単線軌道で、路線の中間点である日ノ出町九丁目停留所で電車は離合していた。現在、函館市電で運転されている「箱館ハイカラ號」や高知市の土佐電気鉄道「維新號」と同じようにオープンデッキの小さな電車で、天井のデザインはシングルルーフであった。

門築電車は門司築港会社により建設され、昭和元（一九二六）年の収入は四万二千円余りと順調であったが、バスの急速な普及で次第に経営成績が悪化し、昭和七年十二月に九軌の傘下へ入った。この小さな門築電車は博多湾鉄道汽船株式会社の西戸崎《さいとざき》線に回され、九軌のボギー車が東本町三丁目あたりより直接乗り入れ、利便性が高められ、九軌田野浦線と路線名も変わった。しかし業績は改善されず、昭和十一年一月に廃線された。

日ノ出町あたりは門築電車や自動車で騒々しくなり、住民の不満があったものの、布団屋、下駄屋、金物屋、呉服屋、薬屋などの実用品店が並ぶ活気ある町で、芝居小屋「稲荷座」や映画館「永眞舘」などもあった。現在の地名では東門司に当たるこの付近は、内本町あたりの西部繁華街に対し、東部繁華街と言われた。日ノ出町通りの北側に並行する通りは蛭子町《えびす》、南側に並行する通りは大黒町、商売繁盛を願って付けられた町名である。蛭子町の通りは飲食店や居酒屋などができ、堀川に近い裏町には港湾労働者が多く住んでいた。

門司市内のバス運行開始

門司と企救《きく》半島東部の村々の交通は桜峠によりほとんど隔絶されていたが、巨岩堅石のある難工事を経て、大正三（一九一四）年、初代桜トンネルが開通した。大正十一年には伊豆の天城隧道のように小さな初代椿トンネルも開通、桟橋通りより柄杓田《ひしやくだ》、恒見方面に自動車や馬車で容易に通行できるようになった。大正十五年に大里―鹿喰《かじき》峠―恒見間の乗合自動車が運行され、昭和二（一九二七）年には丸山自動車会社により門司―恒見―吉志《きし》間や門司―白野江間の運行が開始されているが、このバス会社はその後どうなったのだろうか。

昭和四年以降、車体の塗装色により金バス、銀バス、赤バスと呼ばれた三社が運行を始め、門司の本格

昭和４年５月に開業した銀バス
（門司自動車会社）

的なバス時代が始まった。当時は乗用車を改造した定員五、六人のT型フォードやGM製シボレーのバスであった。

昭和四年八月一日より九軌が経営する乗合バス（通称・金バス）が九軌の門司終点（当時は八幡橋電停）から折尾までの軌道沿線に運行を開始し、翌年六月二十五日から門司駅（現・門司港駅）に乗り入れを始めた。

門司自動車会社（通称・銀バス）も昭和四年五月十五日にバス十台で営業を始めた。門司駅—白野江間、門司駅—和布刈《めかり》間、昭和五年には門司駅・長谷・花山通り・田野浦・大久保越・老松公園・門司駅間の東回りと西回り線を運行開始した。さらに十二月二十七日から門司駅・小森江・大里東口を左折・大門通り・鎮西別院間の大里線も運行を始め、丸山自動車から引き継いだと想像される恒見—吉志線は昭和六年、柄杓田に乗り入れた。

新バス会社である赤バスは、銀バスと一緒に門司駅—和布刈間を運行していたが、昭和七年五月一日に宗利線の運航を開始した。宗利線は門司駅・桟橋通・錦町・楠町・久保町・末広町・宗利町一丁目終点の区間である。

その後も金バス、銀バス、赤バスの三社が激しく競い合っていたという。また、昭和五年、恒見自動車会社により井の浦—小倉間も運行が始まった。

これらのバス会社のその後は明確でないが、全国的に中小バス会社が乱立し過当競争のため、昭和六年、鉄道省が「自動車交通事業法」を公布、昭和八年から実施され、一路線一営業が基本となった。昭和十一年に乱立状態にあった北九州のバス事業二十五社は、九軌のバス部門が独立してできた「九州合同バス」に集約され、この会社は昭和十七年、再び「九軌」と合併したという話である。

昭和十年代になると定員四十名程度の国産バスの製造が始まった。石川島自動車製造所製の「スミダR型」、東京瓦斯電気製の「ちよだS型」、三菱造船神戸造船所製の「ふそうB46型」などであるが、高価であったため普及は遅れた。

昭和に入ると門司の県道改修工事も進み、昭和十三年には石塚トンネルや二代目の椿トンネルが完成、さらに昭和三十一年には新桜トンネルが開通して、バス運行の便が一層改善された。

周防灘に面した村落の中には、壇ノ浦の合戦で平家方に味方した漁師や水軍が追討ちを避けるために移り住んだ村もあるといい、地理的にも山や海で孤立していたが、道路が造られバスが運行したことで市内の文物交流が一気に活発化したことであろう。

そのころ、錦町の坂道はハイデルベルグの街路のような扇模様の石畳であったが、他の県道は凸凹砂利道で、バスは砂埃を巻き上げながらガタゴト揺れて走った。昭和十六年、米国の対日石油輸出禁止令に始まるガソリン不足時代に走った木炭バスは、この坂道を登る時に馬力が不足すると、乗客がバスの後を押して手伝った。桜トンネルまで上り詰めると、トンネルの出口に流れる水をラジエターに注ぎエンジンを冷やしていた。エンジン起動が不調なバスが再び出発する時は、ボンネット前部にある差込穴にクランクハンドルを差し込んで回して駆動させることも度々あった。車内は魚の行商をする小母さんたちの荷物でクサヤのような臭いが染み付いていた。木炭バスは車体の後部外側に取り付けた釜で木炭や薪などを不完全燃焼させ、そのガスを燃料として走るバスである。

《田舎のバスはおんぼろ車　タイヤはつぎだらけ窓は閉まらない
　それでもお客さん我慢をしているよ　それは（車掌の）私が美人だから
　田舎のバスはおんぼろ車　デコボコ道をガタゴト走る》

（作詞・三木鶏郎《とりろう》）

また、戦後の朝鮮戦争の影響によるガソリン不足の時代は、自転車と人力車が合体した「輪タク」が活躍した。門司港駅付近では昭和二十三年ごろから始まり、ガソリン事情も改善した昭和二十八年ごろには消えていった。なお、輪タクは「自転車タクシー」の略語で、日本最初の輪タク営業は昭和二十二年二月一日、東京で始まった。当時は復員兵など失業者が多く、自転車改造により容易に開業できるため全国の主要都市に急速に広まったが、意外に短命の乗り物であった。

「小江戸、小京都などと呼ばれる古い町では人力車をよく見かけるね。レトロ門司港では輪タクをヒントにスクーターと人力車が合体した『スクータク』を造ってはどうだろう。海岸沿いや関門橋を走り、渦巻く潮流の海峡を見渡せば、歴女さんは『かもめ』に、ぼくは『コンドル』になるだろう」

「鉄男さんは風に飛ばされて、浪の底の都で平家さんに会ってきたら」

昭和三十三年には、関門国道トンネルの開通に合わせて博多―山口間を走る特急バスの運行が始まった。当初は国鉄、西鉄、山電の三社による運行であったが、特に国鉄バスは車内にトイレがあることが話題となった。

壇ノ浦を走る路面電車

下関市壇ノ浦にはアイボリーに下半分グリーンの路面電車が走っていた。和布刈より対岸の壇ノ浦を眺めていると、ミニチュアゲージのように見えて時間が経つのも忘れるようであった。この路面電車は山陽電気軌道であるが、長府駅より壇之浦を経て下関までの長関線、幡生《はたぶ》より唐戸までの幡生線、下関より彦島口までの大和町線が運行されていた。昭和元（一九二六）年十二月二十五日に開業し、昭和四十六年二月七日までに全ての路線が順次廃止され、社名もサンデン交通に変わってバス会社になった。

鉄男君「路面電車の走る観光の町・函館や長崎などと同様に、門司にも再びチンチン電車が走ってほしいな」

歴女さん「門司港駅より関門国道トンネル、壇ノ浦を経由して下関駅まで世界初の海底市電が走ったら、アジア中の人々から注目されると思うわ。レトロの町には遊び心が大切よ」

「北欧風のライトレール（＝ＬＲＴ）を採用し、リクライニングシートの車内ではレールコンシェルジュがお茶とスイーツのサービス、景観が素晴らしい壇ノ浦ではスロースピード運転をする電車を想像すると楽しくなるな」

「想像もほどほどにしてよ、鉄男さん」

関門国道トンネルの開通と博覧会開催

戦後、東本町が輝いた出来事がある。昭和三十三（一九五八）年三月九日、関門国道トンネルの開通、門司トンネル博の開催、古城山ロープウェイ運行開始である。

全長三・七キロの関門国道トンネル開通は、門司港地区の発展や九州全体に大きな経済効果が期待される出来事であった。関門国道トンネルは、意外にも関門鉄道トンネルより一年遅れて昭和十二年に着工している。昭和十九年十二月に本坑が貫通したが、戦争末期の昭和二十年六月ごろに中止され、その後、昭和二十七年、道路整備特別措置法による有料道路として工事が再開された。総工費は約五十七億円と安価であったが、当時の物価水準は門司－門司港間の汽車賃が十円、子供に人気のカバヤキャラメルも十円の時代であった。

工事が始まった昭和十二年といえば、鉄道輸送中心の時代であった。そんな中で自動車専用二車線道路に人道付きの海底トンネル建設が着工されたことは、全く先見性のあることと思う。しかし、殉職者四十八名の犠牲があったことも忘れてはならない。

門司トンネル博は和布刈会場と老松会場で開催され、昭和天皇皇后両陛下もお見えになった。入場者数も一一二万人余りを数え、大変な賑わいで大成功であった。

老松会場の場所は、明治二十九（一八九六）年より陸軍門司兵器本廠があったが、大正二（一九一三）年に小倉に移転し、大正九年、跡地の一部に老松公設市場が造られ、翌年には職業安定所、老松公園などが開設されている。公設市場は戦後焼失したが、民間経営の中央市場として再建され、現在も存続している。細く長い市場は全国でも少なくなってしまったが、場内を歩いてみると、ここも木枯らしが吹き抜けるほどに閑散としていた。

公設市場設置は、米騒動など物価の高騰に頭を痛めていた内務省の決定により、物価安定、治安維持を目的として各地に造られた（門司の米騒動については④項参照）。

思い出の古城山ロープウェイ。手を振る少年少女も70歳を過ぎた（撮影：谷次行清氏、提供：谷次辰巳氏）

老松公園の中には終戦後の復興が始まったばかりの昭和二十二年、戦災の瓦礫を集めて老松野球場が造られた。巨人・阪急の試合が行われたこともあったが、昭和二十五年に門司市営球場と名前が変わり、昭和二十九年に球場は廃止され、元の老松公園に戻った。昭和三十二年には大里地区の西原町に再び門司市営球場が造られ、地元の野球大会などで賑わっていた。

トンネル博に合わせて東本町の近くにある古城山にロープウェイが開設された。関門国道トンネル入口と古城山頂間を六分で運行、全長六〇二メートル、高低差は一〇一メートルあった。定員六名で外装色は窓周りが白色、紫色の帯、下半分は赤色をしたゴンドラが、合計二十四台運行されていた。昭和三十六年には十三万人もの人々を運んだが、次第に乗客も減り、昭和三十九年一月に廃止された。ロープウェイの眺めに感激した少年少女も七十歳を超え、この記憶も市民から段々と遠ざかってしまうだろう。

歴女さん「最近、地元の方々がレトロ門司を盛り上げる一環として関門海峡にロープウェイを検討しているそうね」

鉄男君「高度な技術が必要だけど素晴らしい計画だね。先日、偏西風の影響で福岡行飛行機の航空路がずれて関門上空を通過したんだが、海峡の景観は素晴らしかったね。きっと日本中から観光客が押しかけてくると思うよ」

「『翼をください』という歌があるけれど、翼をもらったような気分で海峡を見渡せるから、きっと感激するわ」

《この大空に　翼をひろげ飛んでいきたいよ　悲しみのない自由な空へ……》

（作詞・山上路夫）

2 出光興産発祥の地・東本町と門司創業企業

出光興産と創業者・出光佐三

東本町は「出光興産」のルーツでもある。この地に出光興産創業者である出光佐三の出光商会があった。彼は明治十八（一八八五）年八月二十二日、福岡県赤間村（現・宗像市）の藍問屋を営む家の次男として生まれる。明治三十四年福岡市商業学校に入学、四十二年に神戸高等商業学校を卒業すると、神戸鍛冶屋町の小さな個人商店である酒井商会（店員三名、丁稚一名）に丁稚として入居した。この商店は小麦粉と機械油の貿易商であった。東京高等商業学校と並ぶ名門を卒業したのにビジネスエリートの道を進まない彼に、友人は皆驚いた。第一志望は鈴木商店であったが、採用通知の到着が遅れたために酒井商会に決めたとの話もある（鈴木商店については㉒参照）。

二年後、知人であり、彼の優れた能力を理解している淡路島の資産家・日田重太郎から資金援助提案を受け、独立の第一歩を歩みだす。

明治四十四年六月二十日、門司市東本町一丁目の一画に出光商会の店舗を開いた。当時の門司は貿易港として急速に発展しており、中国大陸や北九州工業地帯を控えた地理上の優位性を評価して決めたのである。当初は日石の特約店で、店舗は粗末な借家であった。

その後、店舗が手狭になり大正三（一九一四）年に東本町二丁目に移転した。三井銀行門司支店の近くで、電車通りに面した木造二階建ての店であった。関東大震災や大恐慌の嵐が経営を激しく揺さぶったが、彼らの努力で無事乗り越えていった。満鉄への車軸油売込みに成功して大陸進出の足場を築き、それから、台湾、朝鮮、九州へと販路を拡張していく。

昭和十三（一九三八）年十二月に自社のタンカーである初代の「日章丸」一万四〇〇〇トンが就航したが、昭和十九年、米国潜水艦の雷撃で失っている。昭和十五年三月三十日に出光興産を設立し、不安と混乱の中で終戦を迎えた。

戦後は、たくましく石油精製や石油化学に進出したが、昭和二十八年、忘れてはならない事件が起きた。日章丸事件である。三月、出光興産は、石油を国有化し英国と抗争中のイランに向けて秘密裏に「日章丸二世」を差し向けた。それは国際石油資本世界第二位のアングロ・イラニアン石油（後のＢＰ）と対立することになる。行き先は老練な新田船長と竹中機関長以外は誰にも知らせず神戸港を出港、英国海軍の厳戒下にあるペルシャ湾アバダン港を目指した。だがアバダン入港の翌日に、このことを世界各国の新聞が報道したため、英国政府も知ることになる。英国海軍はペルシャ湾を航行するタンカーを監視していたし、袋小路の海で無線も使えない秘密航行であったものの、発見されずに湾外に出ることができた。

帰路のジャワ島近くにあるガスパル海峡通過が最後の山場であったが、英国海軍を振り切ることに成功した。そして五月に、ガソリン、軽油を満載し、報道陣たちの歓迎を受けて川崎港に帰港した。アングロ

・イラニアン石油は積荷の所有権を主張して東京地裁に提訴したが、その後提訴を取り下げ出光の勝利となった。これは、敗戦から立ち上がりつつあった国民を勇気づける出来事であった。
昭和三十七年十一月十八日に子会社所属のタンカー「第一宗像丸」とノルウェータンカー「タラルド・ブロビーグ」が京浜運河で衝突し、「第一宗像丸」は爆発炎上、乗員三十六名全員が殉職するという不幸な事故もあったものの、会社はさらに発展していった。

昭和三十七年には佐世保重工造船所第四ドックで世界最大のタンカー「日章丸三世（一三万九〇〇〇トン）」が進水し、日本中が驚いた。さらに昭和四十一年に世界初の二〇万トン級ＶＬＣＣである「出光丸（二〇万九〇〇〇トン）」が就航した。

石油は国家戦略に基づくといえども民間事業でもあり、石油権益の問題は現代社会においても大変難しい判断が求められる。

昭和三十三年、出光佐三は門司市名誉市民になった。

彼は著名なる美術品収集家でもあり、その所蔵品は東京と門司の出光美術館に展示されている。門司の美術館は東港町の旧・出光商会倉庫があった場所である。

歴女さんは「門司の出光美術館はもっと展示室を拡張し、日本やアジアの作品を一堂に展示すれば一層素晴らしくなるわ。外壁も赤煉瓦造りなどレトロ風にすれば、大原美術館のように全国から観光客が押しかけるでしょう」と気楽な希望を漏らしていた。

出光佐三の思想は日本的和をもって人間尊重の大家族主義経営を理念とした。すなわち、家族には出来のよい子も悪い子もいる、悪いからといって家族は決して追い出したりはしないという信念である。創業以来、出勤簿やタイムレコーダがなく解雇や定年もない、権限規定や罰則もない、労働組合もなく、残業しても社員は残業手当を受け取らない。さらに扶養家族の多い社員は上司より高給となるという社風であることが、マスコミの話題にもなった。これは門司市東本町にあった出光商会の話ではなく、当時社員数一万人の大企業・出光興産の話である。

「その固い信念に基づくユニークな経営哲学は、古来日本に伝わる和の心の実践だね」と鉄男君は感激であった。

出光佐三は生まれ育った地にある宗像大社に対する崇拝の念を人一倍深く持っていた。宗像大社は神功皇后が三韓征伐の際に航海の安全を祈り霊験があったと伝えられる神社である。その目指す理想は、人間尊重の大切さを一層自覚することにあるだろう。

門司創業の東証一部上場会社・石炭荷役会社と立志伝の人々

出光商会の近くの浜町には、旧・門司郵便局電話課(電話交換局)が大正十四(一九二五)年四月十八日に開局している。鉄筋コンクリート三階建ての建物で、大正モダニズムの雰囲気を残す分離派時代の貴重なビルである。なお門司電話局開設の始まりは、明治三十三(一九〇〇)年に設置された赤間関電話局門司支局である。この建物はドレンチャーのような放水消火構造になっており、二階には未公開であるが往年の電話交換機類が保存されているという。現在はNTT門司電気通信館となり、近世の電信・電話に関する貴重な資料を展示している。

レトロ門司の建築設計は著名な設計家によるものが多い。電話局の建物は逓信省技師の山田守（一八九四－一九六六年）である。彼の初期作は、このビルや、旧・東京中央電信局（大正十四年）、旧・東京逓信病院（昭和十三年）があり、後期には東海大学湘南キャンパス、京都タワービル、日本武道館などがある。

電話局と道を挟んで隣には大阪朝日新聞社門司支局もあった。この界隈はきっと袴姿の電話交換嬢や金融街の若いサラリーマンで華やいでいたことだろう。

門司港地区をルーツとする東証一部上場会社は出光興産以外にもある。

「間組《はざまぐみ》」は明治二十二年に間猛馬《たけま》（一八五八－一九二七年）が土木建築請負業を門司に開業したことに始まる。門司築港会社による門司港地区埋立工事と時期が同じである。大正六年に合資会社に改組し、下関市に本店を置いた。現在は明治神宮外苑の近くに本社がある、格式あるゼネコンである。

「伊勢神宮の式年遷宮の工事ではＨＡＺＡＭＡのヘルメットをかぶった技師をテレビで見たけど」と歴女さんが独りごちた。

「西華《せいか》産業」も門司をルーツとする優良企業である。

「長安の都にあるシルクロードの交易会社ではないの」と歴女さんが質問してきたが、ＧＨＱの占領政策の一つとして旧・三菱商事の第三次指定による解散に伴い、昭和二十二（一九四七）年十月、同社の西日本地区の機械部門関係者らにより門司に設立された、三菱系の機械総合商社である。現在、本社は三菱系企業の街、東京丸の内にある。

「山九」は現在も門司に本店を置く企業であるが、本社は東京である。

「社名はその昔の進駐軍のサンキュウベリーマッチに由来するのではないのかな」と鉄男君も質問をしてきた。社名の由来は、事業が山陽と九州を基盤としていたことと、英語での感謝の意味を合わせたことによる。

中村精七郎（一八七二—一九四八年）が創業した、朝鮮半島から官営八幡製鐵所へ鉄鉱石や無煙炭を運んでいた中村組（海運業）が、門司の荷役会社「磯部組」を買収し、大正七年十月、門司市に「山九運輸」を設立した。現在は港湾輸送、重量物輸送、機械据付などに高度な技術の蓄積を持つ企業である。

荷役業者の増加は門司港発展の速さと同じテンポで進んだ。磯部組は門司港最初の荷役業者で、白木崎の磯部松蔵が明治十九年、日本郵船「越中丸」の輸出用石炭荷役請負を始めたことに始まる。さらに明治二十一年、神戸から沖仲仕五十人を連れて来て日本郵船の荷役を請け負った「自念組（自念金蔵）」、同じく神戸からやって来て安川・松本商店の石炭荷役を請け負った「いろは組（村田為吉）」が、門司港の代

艦船に石炭積み込みをする門司港の沖仲仕

表的な荷役業者であった。沖仲仕たちは組名の入った法被《はっぴ》を着て互いに競い合っていた。大正時代になっても門司港荷役は増加の一途をたどり、「三井物産会社組」、「松尾組」、「堤組」、陸軍専用荷役の「石政組」もできた。

門司には立志伝の人物も多くいる。

東郷村柄杓田《ひしゃくだ》(現・門司区柄杓田)の醤油醸造屋を営む家に育った高嶋菊次郎(一八七五年五月十七日—一九六九年一月二十九日)もその一人である。彼は東京高等商業学校(現・一橋大学)を卒業し、大阪商船、三井物産を経て旧・王子製紙社長になった。旧・王子製紙とは、戦後GHQによる解体で王子製紙、本州製紙、十條製紙に分割された会社である。三井財閥の重鎮で「製紙王」と呼ばれた藤原銀次郎(一八六九—一九六〇年)は三井物産時代の上司であったが、彼の招きで王子製紙に入社したという。高嶋が柄杓田に帰省した時は、村民が沿道に並んで歓迎し、村で獲れた最上の魚でもてなした。

彼も出光佐三と同様に東洋美術品収集家で、宋から清に至る書画を収集した。晩年過ごした藤沢市鵠沼《くげぬま》松が丘の自宅を槐安居《かいあんきょ》と言っていたが、その名前を取った「槐安居コレクション」二百七十七点を東京国立博物館に寄贈、昭和四十三年に東洋館が開館した。

「鉄男さん、東洋館の近況について教えてよ」

「東洋館は耐震補強工事で平成二十一年から休館しているけれど、平成二十五年に開館が予定されているんだ。そのため高嶋のコレクションの一部は本館に展示されているよ。平成二十二年に展示されている作品は『行草書陳白沙七言絶句軸(清時代)』『臨石鼓文軸(中華民国九年)』『梅花図巻(清時代)』『墨梅図(清時代)』の四点だった。レトロの町は文化の薫りが大切だし、高嶋菊次郎が東京国立博物館に寄贈したという東洋館の所蔵品の一部を借用して東京国立博物館門司分館を造れば、素晴らしいアジアのスポットになると思うね。さらに旅順博物館など日本美術の名品を数多く所蔵する海外の美術館と交流すれば、芸術の街へ夢は広がるね」と美術に門外漢の鉄男君が自信なげに言った。

「運輸王」と呼ばれ日本通運の基盤を作った中野金次郎（一八八二年五月二十日－一九五七年十月三十日）も、門司港での廻船業を起点とする立志伝の人物である。中小の運送業者が乱立し過当競争を繰り広げていた中で、反対や妨害を乗り越え、運輸業界の統合と近代化を進めた功績は大きい。

彼は若松出身で、高等小学校卒業後、筑豊鉄道に給仕として入ったが、二十四歳の時、廻船業などを営む巴組肥後又の門司支店を引き受け、海運業を軸に石炭販売や陸運業に進出していった。内国通運の設立を経て、昭和三年三月に日本通運の前身である「国際通運」を設立し、社長になった。昭和十二年九月まで社長に在任したが、同年に発足した日本通運に業務を引き継ぎ、その後「興亜海上火災運送保険」を設立し、財界で大活躍した実業家である。昭和二年一月二十七日の「門司日報」に彼の論文「運送業の大合同は運送史上の革命」が掲載されているが、彼の仕事に対する実行力は今でも経済界で高く評価されている。

金次郎の弟である中野真吾（一八八五年三月一日－一九六二年九月三日）は、兄から巴組肥後又の営業を受け継いだ後、関門港運や門司合同運輸を設立した。昭和五年より市会議員を十七年間務め、昭和二十二年四月から昭和三十年五月まで門司市長を二期満了、関門港の掃海や田野浦築港などの成果を上げた。また、その間、門司商工会議所会頭や全国市長会副会長に就任するなど、地元で幅広く活躍した人物である。

3 高橋是清と日銀西部支店

日本銀行西部支店の建設

鎮西橋電停の東側は戦前、日本銀行西部《さいぶ》支店があった場所である。この付近を中心に数多くの銀行が林立し、旧・東本町や西本町は金融街であった。

日本銀行西部支店は明治三十一（一八九八）年に建てられたネオゴシック風の建物で、建設当時は観光コースになっていたという。日本銀行としては大阪支店に続き二番目の支店である。西部支店は明治二十六年十月一日に赤間関市《あかまがせきし》（現・下関市）に設立され、初代支店長は、かの高橋是清（一八五四－一九三六年）であった。彼が三十八歳の時である。

彼は門司とは縁のない男であった。なぜなら川田小一郎《かわだこいちろう》日銀総裁の門司視察により西部支店の門司移転計画が決まり、明治三十一年十月三十日に赤間関より門司に移転したのであるが、彼は明治二十八年に横浜正金銀行支配人になっていたからである。

しかし、門司に全く無縁ということでもない。この建物は誰が設計したのだろうか。

鎮西橋の日本銀行西部支店。鎮西橋のたもとには当時珍しかった電話ボックスがあった

その答えは辰野金吾（一八四五―一九一九年）と言われているが、実情は辰野金吾の監修のもと長野宇平治（一八六七―一九三七年）が設計している。明治期の日本建築界の星である辰野金吾は高橋是清の教え子で、日銀時代の部下でもある。唐津生まれで英国留学から帰国後、日本銀行本店、東京駅など数多くの建物を設計している。当時、辰野は日銀本店の工事（明治二十三―二十九年）で手一杯であったのかもしれない。長野宇平治は新潟県高田の出身で、日銀岡山、広島、松江、小樽の各支店や台湾総督府庁舎、奈良県庁舎などを設計した著名な建築家である。昭和になって日銀本店増築工事を行ったが、辰野の設計思想を尊重している。

余談であるが、辰野の友人である曽禰達蔵（一八五二―一九三七年）は共にジョサイア・コンドル（一八五二―一九二〇年）を師とするイギリス派の建築家で、曽禰も唐津出身だが、正確には江戸の唐津藩邸生まれで、妻は高橋是清の実妹である。彼の作品には三菱系の多くのビルや明治屋門司支店、三菱合資会社門司支店、日本銀行大阪支店などがある。二人とも高橋是清との人脈は強かった。

日本近代建築の父と言われているコンドルは、上野博物館、鹿鳴館、台東区の旧岩崎邸庭園、清泉女子大学本館（旧・島津侯爵邸）、北区の旧古川庭園、千代田区のニコライ堂などを設計した一級の技師である。また、丸の内の三菱一号館も彼の設計であり、平成二十年、四十年ぶりに復元され、ロートレックらの近代絵画や工芸品を展示する美術館として開業し、話題となっている。

高橋是清の赴任の旅路

興味深い人物である高橋是清の波乱の運命について少々書いてみる。是清は嘉永七（一八五四）年七月二十七日、幕府御用絵師の子として江戸に生まれた。幕末には捕鯨船で渡米しようとしたり、ペルーの銀山に投資して家屋敷全てを失い山師のあだ名をつけられたりと、散々なこともあった。明治三十二（一八九九）年、日銀副総裁になった彼は、日露戦争（明治三十七―三十八年）の戦費調達のため、明治三十七年二月に同盟国であった英国に派遣された。ロンドン・シティでは日本敗戦予想が強く、外債公募は懸念された。しかし、大富豪ジェイコブ・シフの協力やロンドン留学時代の人脈により、十三億円の外債募集に成功した。後に横浜正金銀行副頭取、日銀総裁を経て、大正二（一九一三）年より各内閣で蔵相を務めた。原敬首相暗殺事件の後、大正十年、総理大臣となる。

彼は昭和恐慌では国債の大量発行を行うなど、ケインズ的経済安定化策で一九三〇年代の世界恐慌から日本を救った人物でもある。これはケインズ一般理論が発表された一九三六年より四年前のことであった。また当時、米英との経済規模の格差を熟知していた彼は、米英との戦争に反対し、協調路線を主張した一人であった。明治中期には早くも「富国強兵」に代えて「富国裕民」を提唱しており、昭和初期に彼が行った世界不況からの脱出策も現代に通ずることが多くあり、高く評価している研究者も多い。しかし、昭和十一年二・二六事件で政治体制を憂う若手将校に暗殺された。二・二六事件以降、対外穏健派政治家は軍部の行動に怯えることとなり、戦争への道を進む要因の一つになった。彼の死で、日本は金融政策でも歯止めがかからない破綻の道に突入していったのである。

タレントの西田敏行に森重久彌を重ねた顔を連想してしまう男・高橋是清が、明治二十六年九月、東京より門司を経て赤間関に至る受難の転勤道中をフィクショナルに想像してみよう。

官設鉄道（現・JR東海道線）が神戸まで全通したのは明治二十二年五月で、彼が赴任する四年前のことである。明治二十六年当時は神戸まで二十時間ほど要したし、大正三年開業の東京駅はまだ建設されていない。

汽笛一声、新橋ステーションを朝六時二十分発の列車で出発した。間もなく横浜に到着したが、近くの関内《かんない》には外人居留地もあるせいか、ホームには西洋風の貴婦人が目立つ。そのレディーのドレスの後ろがポッカリ膨らんでいる姿を見た彼は驚いた。当時のハイカラな食事であった牛鍋でも食らうと女の尻は牛のように腫れるのか、膨らむところが間違っている。それともトイレに行った時にドレスの裾を捲り上げて頭より被るための膨らみではあるまいかとも考えた。すると突然、列車はバックし、今来た道を戻り始めた。ビックリである。当時の横浜停車場は現在の桜木町駅であり、東海道線へは、一旦スイッチバック

高橋是清が出発した旧・新橋停車場は明治５（1872）年に開業した。同年に開業した旧・横浜停車場（現・桜木町駅）はそっくりな駅舎であった。両駅ともアメリカの建築家ブリジェンスが設計したためである

して西へ進んだのである。

難工事で完成した勾配急な箱根越えの道（現・御殿場線）では、顔も衣服も煤煙で真っ黒になった。横浜で買った楽しみのシュウマイもイカ墨饅頭に変身してしまった。

後の時代であるが、大正三年に「まっくろけ節」が流行している。

《箱根山　昔ゃ背で越す　駕籠で越す　今じゃ
寝ていて　汽車で越す
トンネルくぐれば　まっくろけのけ　オヤオ
ヤまっくろけのけ》　（作詩・添田唖《あ》蟬《ぜん》坊《ぼう》）

シュシュポッポ、シュシュシュポッポと唸りながら難所を通過した列車は、轟音を立てながらハイスピードで大井川の大鉄橋を渡った。参勤交代行列が大井川を渡る苦労を知っている彼にとって、この体験は感激で涙が溢れるほどの出来事であった。明治二十二年、英国のベイヤー・ピーコック社から輸入された真空ブレーキ装備の最新型テンダー式５３００形

蒸気機関車が牽引していた。弁天島、浜名湖あたりは汽船で海上を突っ走っているような錯覚がした。

夕刻、名古屋停車場で下車した。駅前を歩いても、名古屋発祥のパチンコ屋も味噌カツ丼の店もまだあるはずがない。馬車で尾張の城を目指すと、途中に両口屋是清という老舗の菓子屋があったので立ち寄ることにした。店員が「おみゃあさん食べてみや」と名古屋弁でどら焼を差し出した。是清さんが是清のどら焼を食べる姿は、腹をへらした大ダコが自らの足を喰う姿にそっくりで、店主も腰を抜かした。その夜は一人静かに櫃まぶしとキシ麺を食べて終わった。

翌朝、神戸を目指して名古屋を出発したが、名古屋の「ういろう」のように初々しい京美人と隣り合わせになった。瀬田の唐橋の脇を急いで渡ると憧れの京都である。当時、車窓からは東寺の五重塔が丸見えだった。しかし残念なことに、まだ観光ガイドブックもテレビの旅番組もない時代であり、彼には東寺の塔か、八坂の塔か、醍醐寺の塔か、それとも仁和寺の塔なのか見当もつかなかった。隣席の京美人に「あれは東寺と呼ばはるの。でも、鎌倉時代のころからオフィシャルネームは教王護国寺になったと言わはるけど」と教わった。彼女の名前を尋ねたところ、「うちは上七軒の小百合どすえ、よろしゅう」と微笑みながら答えた。

その当時、鉄道案内書は全くなかったが、明治二十七年十月に『汽車汽船旅行案内』が創刊され、明治三十年代になると数多くの鉄道案内書が急速に普及した。

彼女は京都停車場で下車した。だが、小百合ちゃんの姓は吉永さんだろうかなどと考えを巡らす余裕はなかった。彼は右手の車窓に迫る大山崎の竹藪を眺めながら思案した。朝鮮半島では清国と対決が深まっており、軍事力増強による切迫した財政事情が彼の心に重くのしかかっていたのだ。翌年の明治二十七年に日清戦争が勃発する。

さらに、ペルー鉱山の大失敗は彼の心を深く傷つけていた。明治二十三年にペルーに出向き銀山の開所式に出席したものの、そこは廃鉱であったために全財産を失うことになったからである。彼自身が「当時、農商務省農務局長たりし前田正名氏から話があって、かの南米ペルー鉱山に関係したが、このことについて予は一言も今まで世に語ったこともなかった」と回顧している。

列車の旅で心配事がもう一つあった。明治二十一年より製造を始めた客車の一部にはトイレが取り付けられたが、まだ普及しておらず、車外への放尿事件が頻発し社会問題化していた。歴女さんは、彼も我慢しきれずに淀川の鉄橋あたりで最後尾の車両デッキからついに決行したと想像した。当時の客車は中央を貫通するデッキの通路はなかった。出入口の扉を開けて放尿したため後続車両の窓へ飛沫がかかってしまい恐縮したが、塩味の効いた握り飯弁当を食べていた乗客はSLから出る蒸気と思い、そのことに気付かなかった。当時、中央貫通デッキ付き客車は九州鉄道の車両だけであった。

おかげで爽やかな気分になり官設鉄道の終着駅神戸に到着した高橋先生、これより西へのルートはどうしたであろうか。

明治二十九年、松山に赴任した夏目漱石は神戸より船で松山に行った。漱石は大阪商船で神戸―高松―多度津―今治―松山（三津浜港）を経て宮崎へ行く定期船に乗船し、松山まで十七時間四〇分を要したという。

実直でせっかちな高橋先生の性格から、もっとスピーディなルートを選んだ。すなわち神戸より山陽鉄道に乗車し、当時の終点である三原（現・糸崎）を目指した。途中には赤茶けた備前瓦の屋根、い草畑、塩田と、見慣れない風景が続き、やっと三原に到着して悲鳴が出た。「ありゃー」これより西に行く乗り物がない。

停車場の職員に尋ねると「一つ手前の停車場である尾道より、広島へ行く大阪商船の船便がある」と教えてくれた。慌てて人力車で尾道に戻り、船に飛び乗ったところ、その船は対岸の向島に着いてしまった。間違えて渡し船に乗船してしまうというトラブルもあったが、やっとの思いで広島行きに乗船できた。

呉の沖は島、島、島で迷路のようである。風景を眺めていると突然、島影から数隻の小舟が現れた。どの舟からも色とりどりの長襦袢に腰巻姿の妖艶な美女が微笑みながら手招きしているではないか。もう我慢できず海に飛び込もうとしたが、水泳は苦手であることを思い出した。そこで神戸で買った大きなゴーフルを円盤投げのように彼女らに向けて飛ばし、エールを送った。そして船長室に駆け込み聞いたところ、「あれは『おちょろ』と言い、このあたりの海で生活している遊女だよ」と教わった（「おちょろ」については19項参照）。

瀬戸の景色は絵のように美しく、今日一日のストレスを慰めてくれた。今宵は広島である。神戸では時間がなく神戸牛を食べ損ねたが、牡蠣鍋と穴子飯でスタミナを取り戻した。

翌朝、広島の宇品《うしな》港より定期船で徳山を経て、三月三十日に築港工事が終わったばかりの三田尻港を経由し門司港へ、さらに関門海峡を馬関へと向かった。船中から見る爽やかな瀬戸の日暮れは夕波小波、もみじ饅頭のような小麦色の可愛い手をしたルミ子ちゃんを思い出した。銀鉱山投資で私財を失ってしまった彼のショックは大きく「俗世を離れ、彼女と二人して眼前の美しい無人島でターザンのように暮らそうか」との妄想も浮かんできたが、そのような行動は非国民的行動であり、わが身を戒めた。

あっという間に門司港に着いた。埠頭からは桟橋通りが垣間見えた。門司築港第一期埋立て工事が終わったばかりで、桟橋通りの北側に沿って旅館などの新築工事もちらほら始まっていた。この埋立地にまもなく三井物産ビル、門司駅、郵船ビル、大阪商船ビルなどが建てられ、国際港として大発展するとは高橋先生も想像できなかった。

その後、馬関へ無事渡り、赤間関市の有力者からフク料理の歓待を受けることとなった。伊藤博文侯が料亭「春帆楼《しゅんぱんろう》」で食事をした折、不漁のため食べることになったフクが気に入り、明治二十年十二月、山口県に限定して食することを許可したばかり。フクを食いすぎて馬関の夜は更けた。

色好みの伊藤は稲荷町遊郭（稲荷町遊郭は[14]項参照）に通っていたという話もあるから、その途中に春帆楼を訪れたのではあるまいか。さらに明治二十七年、春帆楼で開かれた日清講和会議の時、伊藤は李鴻章《りこうしょう》と再びフク料理を食してから、東京や福岡県にも解禁したという。それから一年余り後から門司でもフク料理の店ができ始めた。

こうして新幹線利用よりも旅情に満ち、また辛くもある赴任の旅が終わった。

明治は希望に溢れた愉快な人々の時代でもあった。山陽鉄道が徳山まで伸線され、門徳航路で門司へ行けるのは明治三十一年であり、さらに山陽鉄道が馬関駅（岸壁のそばにあった旧・下関駅）まで伸び、関門航路が運行したのは明治三十四年五月二十七日のことである。馬関駅は翌年の明治三十五年六月一日に下関駅と改称された。

4 門司を吹き荒れた米騒動

米騒動の発端は一説によると、米価が高騰していた大正七（一九一八）年七月十八日、富山県魚津町の漁村の主婦四十六名による運動という。「米をよそえやるから高くながちゃ。じょーき（汽船）に米を積ませんようにせんまいけん」と、北海道向けに船積みしていた米の搬出を主婦が阻止したことがきっかけであると言われている。

八月八日には岡山県の一部でも米騒動が発生し、翌九日に愛知、大阪、和歌山、兵庫、高知、香川、愛媛、広島で集団行動が起きたが、次第に規模を拡大していった。

大規模化した運動は八月十日、京都、名古屋に始まり、青森、岩手、秋田、栃木、沖縄の五県を除く全国各地に広まった。神戸の鈴木商店本社は十一日に焼き払われ、東京は十三日、門司は十四日に始まり、各地とも激しい運動になった。だが、九月十一日三池炭鉱暴動終結、十二日熊本県万田炭鉱暴動終結、福岡県嘉穂郡明治炭鉱騒動の終結で収まった。

米騒動の直接原因は寺内正毅内閣の無策、シベリア出兵を見込んだ買占め、大地主や米商人の投機と売り惜しみである。神戸米会所における米相場は、七月二日は一升三十四銭三厘であるが、八月九日には一升六十銭八厘に値上がりしている。

門司の場合は、路地裏で肩を寄せ合い生きる沖仲仕たちや貧困層の存在が騒動を大きくした。騒動は八月十五日に米屋が協定して一升五十五銭に高騰した米を二十五銭で安売りした後、売り惜しみしたことに抗議して市民が中島米店前に集まったことで本格化した。前日の十四日にアサノセメント門司工場の臨時工が中心となって賃上げストライキに突入した話が門司市内に広がったことが発端となっていた。市民の抗議に沖仲仕たちが合流したが、次第にその人数が数千人に膨らみ、市内各所の米屋を襲撃し始めた。なお、当時の門司市は門司港及び小森江地区のみで、大里町、東郷村などは後に合併した。

当時の新聞各紙によると、八月十五日夜、門司市内の米屋のほとんど全部が襲撃を受け、群衆は倉庫を破壊し貯蔵米を取り出して家具類を壊した。呉服店、醤油屋、鈴木商店出張所も襲撃され、ついに小倉第十二師団の十四連隊が出動した。十六日も夜明け前から各商店を脅迫し、東新倉庫（三井物産）に三千名が襲来して貯蔵米を取り出したため、一小隊の軍隊が急行し退散させた。また、電車十五台の窓が破壊され、十六日は運転を休止した。各商店は店舗を閉鎖。夜、門司市中の路上で刺殺体が発見されるなど被害情報は多かった。

米屋乱入では窓、障子などを手当たり次第に壊し、米俵を切り裂いて米をまき散らしたうえ略奪し、簞笥や行李の中の衣類なども奪った。久野米穀商は貯蔵米千数百俵を略奪され、さらに一俵四十五円で持ち去られて二万円くらいの損害となった。久野米穀商はこの米相場を先読みして大儲けをした久野勘助の店であろう。東新倉庫は二百俵内外持ち去られ、日ノ出町の長嶋商店は米、その他一切を奪われた。明治屋支店はビール一本五銭、ブランデー一本十銭ほどで強買された。略奪者の中で甚だしきは、馬車を引いて来て二十俵ほどの米を積み、悠々引き去った。東新倉庫の場所は東海岸通り、販町、宝来町に囲まれた一画で、現在は門司メデイカルセンターがある場所である。

八月十六日、大里町も危険状態にありとの報を得て、歩兵十四連隊の一個中隊及び騎兵連隊の一個中隊を出し、門司市と連絡を取り防圧に努めた。

小倉市は誰いうことなく魚町停留所に集まれと吹聴する者があり、夜が更けると約三千人余の群衆が参集し、歩兵四十七連隊の一個大隊が繰り出した。戦場のように多数の兵隊が出動したためか、何事もなかった。遠賀郡戸畑町（現・戸畑区）は午後八時ごろより暴動が勃発し、米店で六百俵奪い去られ、火災が発生し一名が焼死した。

さらに十七日には田川郡、鞍手郡、嘉穂郡へと広がった。

門司の被害状況（大正七年八月二十四日「福岡日日新聞」より）

門司の検挙者数

大正七年八月二十三日朝までの時点で二百名

ただし、大阪朝日新聞（八月二十三日）には嫌疑者として拘束された者三百名の多きに達したと書かれている。門司市騒擾《そうじょう》事件に対する福岡地方裁判所の判決（大正八年三月十二日）では、治安警察法違反により六十五人が有罪になった。懲役刑四十一人、罰金刑二十四人、無罪または免訴六人である。

門司の被害戸数

米屋　三十二軒　　酒屋　三十一軒　　呉服店　三軒

八百屋、荒物、雑品、味噌、醤油、その他諸式店　八十軒

鈴木商店門司出張所、肥後又、明治屋など

被害戸数合計　一七九軒

門司の損害高

久野米穀店　　一万五六一四円　　東新倉庫　　二八六〇円

中島喜六米商店　一万四〇〇〇円　　久藤光太郎米商店　六二〇〇円

山根米商店　　　二四六円　　松本米商店　　二七三七円など

総被害金額　六万四八一一円余

内訳　略 奪 被 害 高　　四九九〇円八四銭

商 品 被 害 高　五万三八〇三円二二銭

家屋器具被害高　　六〇一七円二〇銭

米騒動の被害者は気の毒であったが、無策な政府、利潤を貪る地主や資本家を屈服させた体験は、労働者や小作農民に大衆運動の力を自覚させた。その後も貧困など格差拡大に苦しむ大衆の不満は収まることはなく、大正八年から十年にかけて労働争議や小作争議が激増した。

また、大正九年三月二十八日に平塚らいてう、市川房枝、奥むめお達により「新婦人協会」が結成され

て婦人参政権運動が始まり、大正十一年三月三日には被差別部落解放を目指す「全国水平社」が創立された。

さらに、河上肇らのマルクス主義や吉野作造らの民本主義、大杉栄の無政府主義、出口王仁三郎らの宗教者、武者小路実篤の「新しき村」など、多様な思想が大正デモクラシーを盛り上げたのではあるまいか。

歴女さんの声「ネットやテレビもなく、ラジオや電話も数少ない時代に全国の庶民の間に急速に広まったパワーは何だったのでしょう」

鉄男君の弁「富山湾沿岸一帯で広がった米の移動禁止や米の安売り請願の運動が、八月になると新聞で全国に報道され、その結果、運動が全国に展開されることとなったんだ。八月十三日には首都東京を含む十八市四十町三十村で米騒動が発生しているよ。大正時代は貧困の時代でもあったけれど、米や食料品の高騰に国民は困り果て憤慨した結果だろうね。現在の日本もハイパーインフレを起こさないよう安定した経済運営は極めて重要だ」

5 栈橋通り交差点は波乱万丈

山城屋百貨店は山城国がルーツか

栈橋通り交差点の山側には山城屋百貨店があった。山城国は京都の大阪寄りに位置する太秦《うずまさ》、神足《こうたり》、大山崎あたりにあったとも、京都府のほぼ全域が山城国であったともいうが、この百貨店は、京都出身の木村幸次郎が明治二十九（一八九六）年に大阪で食料品販売の山城屋を開業し、弟の富次郎がその支店を門司に開設したことに始まる。明治三十三年に富次郎が門司でイカリソースや醬油食料品卸業を始め、昭和九（一九三四）年、百貨店業に進出した。昭和二十四年十月に火災で全焼し、黒く焼けた柱が林立していた風景が記憶に残るが、栄町五丁目にあった秩父屋呉服店を買収して仮店舗とした。昭和二十八年十月、鉄筋コンクリートの新店舗が再建され、昭和三十八年に第一期増築、昭和四十二年に第二期増築工事が完成している。昭和五十六年八月期決算時で従業員二百名、売り上げ三十二億円であった。その後、平成六年一月に閉店したが、寂しいことである。

隣町である小倉北区の井筒屋百貨店は、門司の栄町四丁目にあった呉服店「井筒屋」店主の住岡由太郎と小倉市長の神崎慶次郎により昭和十年七月に設立されたが、経営に失敗し、昭和十二年に九軌（現・西鉄）へ売却されている。百貨店名「井筒屋」が門司の栄町にあった呉服店の屋号であることは面白い。

ちなみに旧・小倉駅（現・西小倉駅）前近くの室町停留所南側にあった玉屋百貨店は佐賀県牛津にある荒物店「田中丸商店」店主・田中丸善蔵が創業した。田中丸は佐賀支店で呉服小売店「玉屋呉服店」を開いたことから百貨店に進出を始め、佐賀、小倉、福岡、佐世保の百貨店に発展し、門司の東本町にも「田中丸呉服店」があった。小倉店は昭和十三年「菊屋」の商号で開店し、戦後は米軍に接収されアメリカ軍専用「ＰＸストア」となるが、昭和二十七年に解除され、店名も「玉屋」に改称し再び開店した。このことから山城屋は井筒屋や小倉玉屋より老舗であったことがわかる。

――あの時、山城屋で買った僕のトランプカードは何処に消えたのだろう。

そういえば、オヨネと超えた佐夜《さや》峠、大積《おおつみ》に出る途中、恋の風に煽られて、僕のカードは舞い散った。山城屋で知り合った嘘つきオヨネも、とっくに七十超えただろう――

空襲で破壊された一丁倫敦の街並

桟橋通り交差点の海側には北九州銀行がある。昭和三十六（一九〇三）年までは東京銀行（現・三菱東京ＵＦＪ銀行）の建物だった。東京銀行の前身は横浜正金銀行である。横浜正金銀行門司支店は昭和九年に建設され、設計者は桜井小太郎（一八七〇－一九五三年）である。

明治時代中期より戦前まで門司は九州の金融中心地であり、地方都市に銀行が数少ない時代であったに

THE PROSPERITY OF THE SANBASHI STREET, MOJI
（門司名所）交通繁華なる…棧橋通り
昭和14年2月18日下關要塞司令部許可濟
國民精神總動員
貯蓄報國

昭和12年ごろの栈橋通り。左手は横浜正金銀行、台湾銀行、木造の川卯旅館、3代目の三井物産ビル（のちＪＲ九州ビル）。右奥は旅館群芳閣、日本郵船ビル。大正から昭和にかけて、若き佐藤栄作や林芙美子が通り抜けた道である

もかかわらず、この近くには銀行が多数あった。道路にはガス燈が灯り「一丁倫敦《ロンドン》」とも言われ、ロンドンのシティのような風情もあったらしい。住友銀行門司支店（明治三十三年築）、三井銀行門司支店（明治四十二年築、門司出張所は明治三十一年）、日本商業銀行（明治二十九年築）、第一銀行門司支店（大正六年築）、さらに台湾銀行、安田銀行、京和銀行、藤本ビルブローカー銀行、第二十三銀行、第八十七銀行、小倉貯蓄銀行、日本貿易銀行、第百三十銀行、帝国商業銀行、門司銀行、不動貯蓄銀行、豊陽銀行などがある銀行街であり、三井物産、三菱商事などの商社もあった。

　これらの銀行の一部は昭和大恐慌で淘汰され、さらに昭和二十年六月二十九日午前〇時二十八分から午前一時四十三分にかけての門司市街地空襲で大半が焼失した。しかし浜町交差点あたりには現存している建物がいくつかあった。それは藤本ビルブローカー銀行門司支店（大正十三年築、現

・福岡中央銀行門司支店）や門司信用組合（昭和五年築、現・福岡ひびき信用金庫門司港支店）、さらに二十三銀行門司支店（大正十一年築、現・大分銀行）であるが、残念ながら門司信用組合は平成二十一年五月に撤去され、大分銀行も平成十三年に解体された。ハイカラな舶来食品で人気だった明治屋門司支店（明治四十二年移転新築）の煉瓦造りの建物も門司郵便局の近くの二十三銀行の隣にあったが、平成十七年に解体された。

昭和二十年の空襲はサイパン、テニアン、グアムにあった米軍マリアナ基地所属の第三一三航空団Ｂ29爆撃機九十一機による焼夷弾爆撃であった。新川町、内本町、東本町、西本町などの門司港中心街及び港町、内浜町、東海岸通りなどの海岸倉庫一帯や、八幡町、長谷町、大久保、新開の一部に焼夷弾が落とされ、死者五十五名、負傷者九十二名、全焼家屋三六一六戸、半焼家屋九十九戸、罹災者一万六一九〇人の大被害を出した。

門司市で最初の空襲は、昭和十九年六月十六日の北九州空襲である。Ｂ29スーパーフォートレスによる日本本土への初空襲であり、北九州五市に五〇〇ポンド爆弾が投下された。門司市の被害は大里、大杉町、黄金町付近（現・戸の上一丁目の北東地区と推測する）のみで、門司港地区は避けられた。大里への爆弾投下は同日午前一時十五分に行われ、死者三十四名、負傷者二十五名、全壊家屋二十五戸、半壊家屋一〇四戸、罹災者四二六人の被害を出した。爆弾は焼夷弾と違い一瞬の内に人も建物も吹き飛ばすため、爆撃規模で比べると死者数が多い。関門鉄道トンネル入口が爆撃目標にあったとすれば、深夜といえども標的がずれ過ぎている。きっと米兵が、中国の成都へ帰還するための燃料切れや日本軍戦闘機の反撃が心配で焦っていたことも影響したのだろう。

この空襲は、中国大陸成都の広漢飛行場にある第20爆撃軍のＢ29爆撃機七十五機が、五〇〇ポンド爆弾を一機につき八、九個搭載し、六月十五日午後三時十五分に北九州に向けて出撃したことに始まる。離陸失敗やエンジントラブルで北九州上空に到達できたのは、わずか四十七機。

大本営は武漢や上海の日本軍情報部より情報をつかみ防空体制を整えた。朝鮮済州島の日本軍電波探知所はこの大編隊を捉え、十七時三十分、北九州五市に警戒警報を発令した。Ｂ29は若松方面より侵入し、第一目標の日本製鐵八幡製鐵所を目指した。日本軍は探照灯、高射砲、迎撃機により攻撃を行ったが、撃墜は一機だった。米軍は一九二五年から一九三五年の古い航空写真しか持ち合わせていなかったため、目標の八幡製鐵所内にある東田と洞岡《くきおか》のコークス炉を見分けることができなかった。結局、製鐵所内に落とした爆弾は一発のみで、製鐵所の被害は軽微であったが、爆弾は北九州五市の市街地に落とされた。被害による死者は八幡六十九名、小倉九十四名、戸畑五十三名、門司三十四名、若松六名に達した。しかし米軍も中国へ帰還途中に操縦ミスや燃料の使い過ぎで六機が墜落し、五十五名の搭乗員が死亡している。八幡製鐵所爆撃のため、弾薬、燃料、機材の補給はインドのチャクリア飛行場よりＣ46輸送機によるヒマラヤ山脈越え（米軍は「ハンプ越え」と言った）で成都基地へ空輸した。米軍もマリアナ諸島を手中にするまで日本空襲には苦労したものである。

その日の大本営発表では「本十六日二時頃支那方面よりＢ29及Ｂ24二十機内外北九州地方に来襲せり、我制空部隊は直ちに邀撃し其の数機を撃墜之を撃退せり」とある。「小月の陸軍航空隊第四戦隊に配置された三十五機の双発重戦闘機『屠龍《とりゅう》』が迎撃し、米軍機を六機撃墜七機撃破した」と書いた文献もあるが、「屠龍はＢ29より速度も遅く軽武装であったため有効でなかった」という話や米軍資料などとつじつまが

朝日新聞
東京新聞
日本產業經濟
每日新聞
讀賣報知

共同號外

定價 一部二錢
編輯發行人 杉山勝美
印刷人 吉見幸雄
東京都麹町區有樂町二ノ三
發行所 朝日新聞東京本社

昭和十九年
六月十六日

今曉、北九州に敵機來襲
わが損害は極めて輕微
二十機を邀撃、數機擊墜

大本營發表（昭和十九年六月十六日八時）本十六日二時頃支那方面よりB29及B24二十機內外北九州地方に來襲せり、我制空部隊は直ちに邀擊し其の數機を擊墜之を擊退せり
我方の損害は極めて輕微なり

サイパンに上陸企圖
三度來襲、今なほ激戰中

大本營發表（昭和十九年六月十六日五時）「マリアナ」諸島に來襲せる敵は十五日朝に至り「サイパン」に上陸を企圖せしも前後二回之を水際に擊退せり
敵は同日正午頃三度來襲し今尙激戰中なり

合わない。

昭和二十年になると前述の門司市街地空襲以外にも、門司港駅ホーム爆弾投下（三月五日）、柄杓田地区（三月二十七日）や片上地区（六月十七日）への焼夷弾攻撃など合計九回の空爆や、丸山清滝地区（七月二十七日）への機銃掃射がある。

門司空襲被害を『日本都市戦災地図』より集計すると、死者一一一名、負傷者二一四名、全壊三八三四戸、半壊五九四戸、罹災者一万七六四八名である。

下関の主な空襲は、昭和二十年六月二十九日の壇之浦・赤間方面の空襲や七月二日の旧・下関中心部・唐戸付近の大規模な空襲がある。七月二日の空襲はB29爆撃機が一四三機も飛来し、激しい焼夷弾攻撃で三二四名の死者を出し、町中が焼き尽くされた。焼夷弾は一発が三十六発に炸裂し、花火のように美しく関門の夜空に投下されたが、地上の街は火の海地獄であった。

さらに、同年八月八日にも八幡、若松、戸畑が空襲を受けている。戦場でもない関門地区にも、突然に生命を失ったり、負傷したりした人々、家族や生活の基盤を失い途方に暮れた人々が数多くいた。

正確には、日本本土初空襲は開戦間もない昭和十七年四月十八日、太平洋上のアメリカ機動部隊最新鋭空母ホーネットから出撃したドゥリットル中佐率いる爆撃隊のB25ミッチェル十六機による空襲である。東京、川崎、横浜、横須賀、名古屋、四日市、神戸の七都市を襲った。ドゥリットル率いる十四機は東京の尾久周辺に、名古屋及び神戸はそれぞれ一機が侵入し、死者四十五名、負傷者一三五名、全半焼家屋二八九戸の被害があった。天気の良い土曜日の昼下がりに見慣れない飛行機が飛ぶ様子は、誰もが訓練かと思ったそうである。爆撃機は中国大陸方面に飛び去り、一機はソ連領に迷い込み乗員は捕虜になったが、十五機は墜落したり不時着したりして全滅した。このことから太平洋戦争最初の特攻隊は、米軍ドゥリットル爆撃隊だったかもしれない。

門司港地区に空襲があった昭和二十年六月は、地方都市にも空襲が始まり、激戦の沖縄が悲惨を極めた時期である。

このころ、テニアン島では電波コールサインV600を使用する特殊任務隊のB29型十機が爆撃訓練を始めた。その中には広島に原爆を投下したB29エノラゲイ、第一目標が小倉であったが第二目標長崎に原爆を投下したB29ボックスカーもあった。日本軍上層部が原爆投下作戦の情報を掴みながら防空迎撃に無策であったことは残念である。

戦後も北九州は緊張した一幕があった。

昭和二十五年六月二十六日「(三十八度線)国境前線に攻撃　京城飛行場爆撃　九州に厳戒命令」毎日新聞

昭和二十五年六月三十日「九州福岡の板付に警戒警報　二十九日午後十時二十分から同五十分迄の間に

北九州の福岡門司小倉戸畑八幡佐世保の六市に燈火管制が実施され突如北九州黒一色月光下に冷静な街福岡上空に国籍不明機が現れた」読売新聞

レトロ門司と丸の内は共通のDNAか

――「ブルーウイングもじ」開閉橋あたりの潮風は、冬が訪れると函館金森赤レンガ倉庫の木枯らしのように、春になると長崎のベイエリアと同じ香りで吹き抜ける。コバルトブルーの海峡を行き交うコンテナ船はアジアの国々を目指す。

夕闇迫るこの場所を、堀川へ帰るポンポン蒸気が、次から次へと通り抜けた遠いあの日は幻か。人生の悲哀を胸に秘めた法被《はっぴ》姿の沖仲仕たちが、元気に働く姿が蘇る入江だ――

門司は観光地として、貿易の拠点として、地理的に全く恵まれた街であり、ネット社会の時代に門司港場末論は当てはまらない。門司の街並には、ビジネスの中心地である東京丸の内と同じDNAが今も生きている。

門司の銀行街繁栄と同じ時期、東京丸の内の馬場先通りも「一丁倫敦」と呼ばれており、長さ一丁（約一〇九メートル）に限れば、ロンドンに劣らない美しい景観を誇っていたというが、偶然の一致か。日銀西部支店と東京の本店の設計は共に辰野金吾、九州鉄道本社や旧門司税関は三菱一号館や東京駅と同じく赤煉瓦造り、九州鉄道起点は門司港駅であるが、官設鉄道起点は東京駅である。出光美術館は、門司港レトロ地区の東港町と丸の内の帝国劇場九階にあるが、偶然か。西本町の明治屋には都会の雰囲気を醸し出す食品が並んでいたが、旧・丸ビルの地下にも明治屋の店舗があり、共に近年取り壊された。そういえば郵船ビルも両町にある。門司港駅舎も東京駅舎も竣工したのは大正三（一九一四）年である。門司港駅は二月一日完成、東京駅は十二月十四日完成だから門司港駅のほうが年長だが、門司港駅と東京駅だけが国の重要文化財駅舎に指定されているから、双子かもしれない。

恋人の聖地という「ブルーウイングもじ」だが、恋人には海を眺める木陰のベンチも必要アイテムだろう

明治・大正期の門司は丸の内にも劣らない活力に満ちた町であったことが、次頁の図からもうかがえる。門司市が誕生してから十四年後の大正二年に発行された市街地図の部分図である。塩田や田畑が広がる村が、十年余りで近代的市街地、金融街、港湾都市に変身したことは驚きである。明治人の気概が伝わってくる。

祝町・露月町・羽衣町・賑町・宝来町・平安町は塩田埋立地を東西に通る町筋で、南から北へ順番に、頭文字がイロハ順になっておりイロハ六町と言われた。町名を決めた方の粋なセンスが光る。埋立地を南北に通る街路は、西側より東へ向かって東海岸通り、浜町、内浜町、東本町、内本町、内堀川町、東堀川町の順となっている。

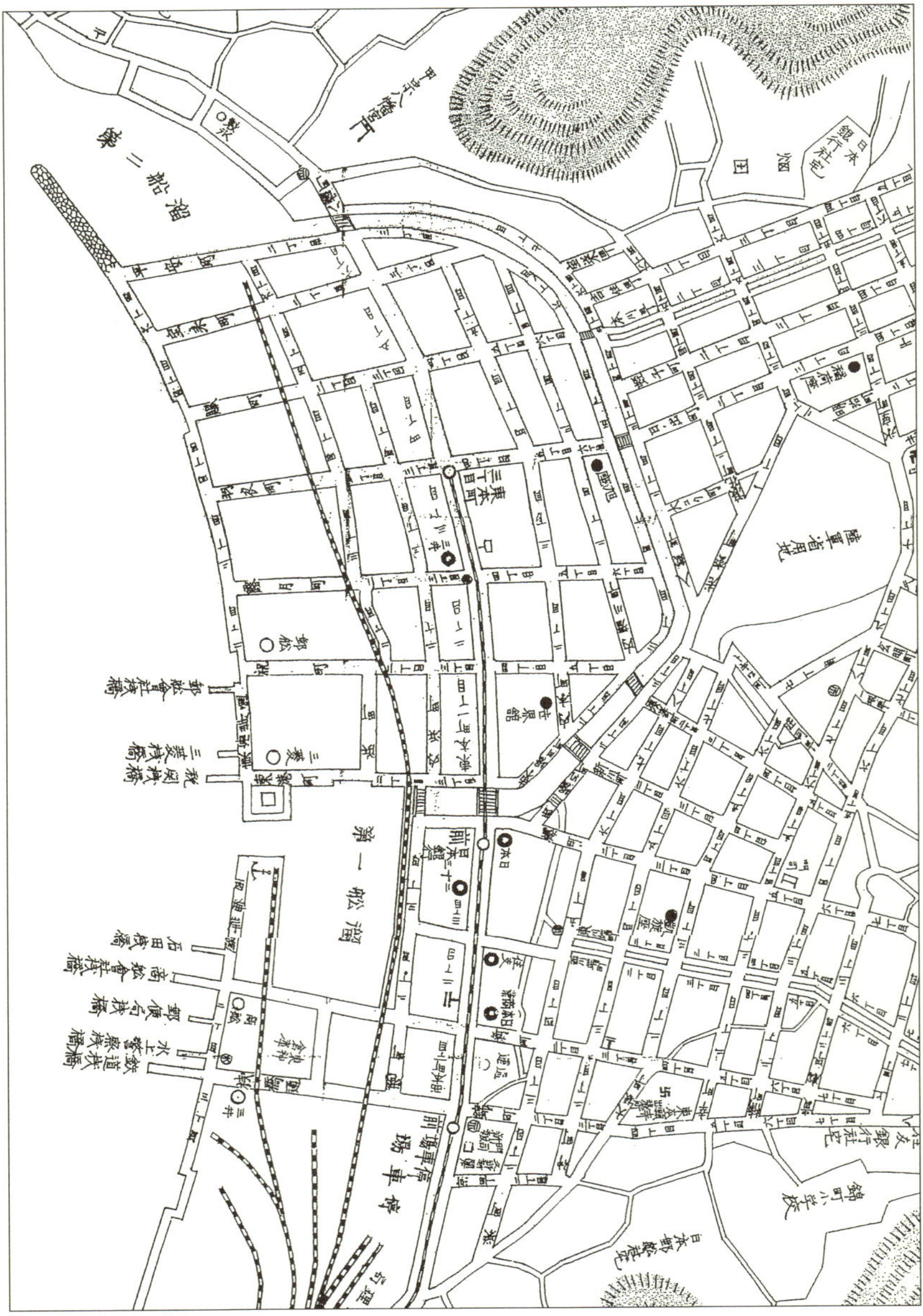

大正元年ごろの門司中心部

西本町の住友銀行門司支店。現在、福岡銀行がある場所である

東本町にあった三井銀行門司支店。近くに出光商会があった

6 九州鉄道初代機関車の運命は謎ばかり

北九州銀行の西側には九州鉄道記念館駅があるが、開業当初の門司停車場はこの下側にあった。

明治二十四（一八九一）年四月一日に開業したこの駅舎は木造平屋瓦葺の建物で、終着駅の風情がある頭端式ホームが一本あり、駅前には人力車が行き交う広場があった。

開業当時の列車運行本数は、門司－玉名（旧・高瀬）間三往復、所要時間約七時間三十分、門司－博多間四往復、所要時間約三時間であった。

夏目漱石も明治三十年、松山から熊本の第五高等学校へ赴任する時、広島の宇品港より定期船で門司港に到着し、門司停車場より九州鉄道で熊本へ向かった。明治三十三年に帰京する時も、この門司停車場を経由して明治三十一年に運行を始めた門徳航路で徳山へ、さらに山陽鉄道で東京に向かった。初めての九州見聞であり、モダンな街並の桟橋通りには目を見張ったであろう。第一船溜周辺の埋立て工事が完了し、桟橋通りは新築の旅館が建ち並び、西本町には銀行が次々に建てられていたころである。

漱石の小説である『坊ちゃん』の兄は九州の支店に就職口があって行くことになるが、その会社は三井物産か日本郵船の門司支店と思われる。『草枕』の久一さんは日露戦争に志願し、九州鉄道・上熊本駅よ

明治24年４月１日に開業した初代門司停車場（現・門司港駅）。プラットホームは１本である（提供：宇都宮照信氏）

り門司駅に着き、輸送船で門司港から大連に運ばれたという。きっと、漱石の頭の中には桟橋通りの記憶が過《よ》ぎっていたのだろう。

森鷗外は小倉十二師団軍医部長を命ぜられ、明治三十二年六月十六日に東京を出発した。門徳航路で門司港に十九日午前三時に着き、九州鉄道を利用して小倉に到着した。大阪へ向かう帰路は、明治三十五年三月二十六日夕刻小倉を去り、門司の旅館・川《かわ》卯《う》で小憩した後、明治三十四年に開通した関門連絡船に乗船している。

しかし初代門司停車場は関門連絡船の乗り換えに不便でもあり、急速に乗降客も増加したため、大正三（一九一四）年、現在の場所に移転した。両駅の位置関係は、巻頭の地図1及び2を見るとよく分かる。

門司停車場が九州鉄道記念館前の場所に造られた理由は、大正時代初めまで現在の門司港駅がある場所の大部分は海で、当時の海岸線はＪＲ九州ビルの前から門司港郵便局に向かい、さらに栄町に沿って進んで堀川通りに迫っていた。

官報によると、JR鹿児島本線の前身である九州鉄道は明治二十二年十二月十一日、博多—千歳川間の開通に始まり、明治二十三年九月二十八日に博多—赤間間、同年十一月十五日に赤間—遠賀川間が開業した。続いて明治二十四年二月二十八日に遠賀川—黒崎間が開業。さらに同年四月一日の門司—黒崎間の開業で、門司から博多までが開通した。また、同じ日に久留米—高瀬（現・玉名）間も開業。同年七月一日に高瀬—熊本間が開業し、門司から博多を経由し熊本まで全通した。その十数年前には九州で佐賀の乱（明治七年）、神風連の乱（明治九年）、西南戦争田原坂の戦（明治十年）などがあり、幕末維新から続く戦乱が落ち着き始めたころである。そのころ鉄道は画期的な発展をした。

その後、明治三十一年十一月二十七日、鳥栖—長崎間が開通し、明治三十年代は筑豊方面や佐世保線、大村線も建設が進んだ。明治四十二年十一月二十一日には門司—鹿児島間の鹿児島本線が難工事の末に全通している。当時の鹿児島本線は球磨川に沿って走る現在の肥薩線である。

九州鉄道の技術は、明治二十年十一月に来日したドイツ人技師ヘルマン・ルムシュテル（注1）によるところが大きく、ドイツから小さなB形（動輪2軸形）タンク機関車が輸入された。最初の機関車輸入は明治二十二年ドイツのホーエンツォレルン社から三両、クラウス社から七両であるが、外観は両社ともよく似た機関車であった。その後クラウス社製B形タンク車は二十両に増加し、クラウス社製C形（動輪3軸形）タンク車も四両輸入され、博多—久留米間の主力機関車となった。

また、九州鉄道の客車はファンデル・チペン社から明治二十二年末に上中等合造車三両、下等車十三両、郵便車三両を輸入した。創業時の貨車は五十七両あり、その内訳は有蓋貨車十一両、鉱物車二十五両、砂利車十四両、軌条車三両、材木車四両であったが、明治二十五年末には客車六十両、貨車二三八両に増加している。九州鉄道の鉄橋はドイツ・デュイスブルクのハーコート製造のボーストリングトラス桁であったが、山陽や東海道はイギリス製のワーレントラス桁や梁型のボナール桁鉄橋であった。

本州の鉄道が主にイギリスの鉄道技術を採用したにもかかわらず九州鉄道がドイツ方式を取り入れた理由は、複雑な政治的駆け引きもあるが、井上馨外相による不平等条約改正交渉で英国を牽制する目的があったからである。しかし日本の国力からしてまだ時期が熟しておらず、彼の条約改正交渉は失敗に終わった。

ホーエンツォレルン社から輸入した三両のB形機関車の九州鉄道形式は1形で、車両番号は1－3号車である。国鉄に移籍後は国鉄形式45形となって建設業務で使用され、大正六年、三両とも八幡製鐵所に譲渡された。その後、昭和三十七年から三十八年にかけて廃車された。

九州鉄道開業時に輸入した七両のクラウス社製B形機関車は九州鉄道形式4形で、車両番号は4－10号であった。クラウス社製の同形式機関車は、九州鉄道が購入した明治二十二年以後、明治二十八年までに、関東の甲武鉄道二両、両毛鉄道一両、川越鉄道（現・西武鉄道）二両が購入され、九州鉄道も二十両になった。その総数は九州鉄道を含めて二十五両である。

明治三十九年三月三十一日に公布された鉄道国有法に基づき、川越鉄道二両を除く二十三両が明治四十年七月に鉄道省へ移籍した。国有化後の形式は10形で車両番号は10－32である。

なお、両毛鉄道は明治三十年、日本鉄道に併合され、クラウス社製SLは併合後の明治三十一年に房総鉄道へ譲渡され、明治四十年に国有化された。九州鉄道の二両は紀和鉄道に譲渡され、同社が関西鉄道に

防府市鉄道記念公園にあるクラウス社製B形機関車

併合された後に国有化された。日本鉄道は明治十六年七月二十八日に開業した日本最初の私鉄で、上野停車場を起点に高崎線や東北本線を建設した民設鉄道である。

九州鉄道のクラウス社製B形機関車が、北海道の沼田町と岩手県の遠野市にそれぞれ一両保存されている。その遍歴は、次のとおり。

明治二十二年にミュンヘンのクラウス社で製造され、同年に九州鉄道が輸入、明治四十年鉄道省所有となる。大正十四年に国鉄車両番号15号車、17号車の二両が東京横浜電鉄（現・東急電鉄）に移籍、その後、北海道沼田町の留萌鉄道に譲渡され、さらに明治鉱業昭和鉱業所に転籍し、石炭貨車の牽引で活躍した。

昭和四十四年四月、鉱山の閉山により15号車が沼田町に譲渡された。その後、静岡県の大井川鉄道井川線で運行されたこともあったが、現在は留萌本線の石狩沼田駅からバスで二十分ほどの場所にある沼田町農業記念館に町指定有形文化財として大切に保存されている。

また17号車は、昭和四十四年に西武デパート池袋店で競売された後、大阪万博にも展示されたが、遠野市に寄贈された。その後JR東日本の釜石線遠野駅構内に静態保存されていたが、平成八年六月、遠野市の「万世の里」に移設されたという。

だが、歴女さんは「ゲゲゲの鬼太郎さんの友達が遠野に棲んでいるらしいよ。九州鉄道の機関車を門司から遠野に運んだのも座敷童と雪女の仕業と思うわ。遠野物語続編を書こうかしら」と言う。

では、沼田町や遠野市にあるSLが九州鉄道の機関車であった根拠は何であろう。

沼田町にある国鉄15号車は九州鉄道4号車で、遠野市の国鉄17号車は九州鉄道6号車であったことが確認されている。

古い書籍にクラウス社製1号車の写真が掲載されているのを見かけたが、沼田町の15号車と写真を比較すると、煙突、シリンダーカバー、後部のタンク、ウインドウなどの形状が全く異なる。1号車と思われるこの写真を虫眼鏡でよく見ると、車両番号1の右上に小さく乙の字を見つけた。このクラウス社製車両は各部分で改良されており、明治二十八年、前述の両毛鉄道が一両だけ輸入した乙1号車である。

九州鉄道が導入する一年前の明治二十一年に、道後温泉を走る坊ちゃん列車の伊予鉄道で最初のクラウス社製二両が運行されているが、当時、伊予鉄道は日本最初の762ミリナロゲージ(注2)であり、さらにミニサイズ仕様の機関車であった。現在、松山市で運行中の機関車はディーゼル式であるが、外観は当時のイメージであろう。同時期に讃岐鉄道にも類似のクラウス社製SLが納入されている。

クラウス社製機関車は極めて堅牢で信頼性が高く、九州鉄道の同型機は国鉄による買収後、民間企業に払い下げられて活躍した。

八幡製鐵所（現・新日本製鐵）向けは十二両払い下げられ、博多湾鉄道（現・西鉄）向けは五両、東京横浜電鉄（現・東急電鉄）向けは二両、沼津の芝浦工作機械（現・東芝機械）向けは一両が国鉄より譲渡された。なお、九州鉄道11号車は国有化以前に日本製鋼所室蘭に移籍された。多くは昭和三十年代に解体されたが、その運命は波乱に満ちていた。なお、大分交通国東《くにさき》線にもクラウス社製機関車が二両あったが、国鉄より博多湾鉄道に払い下げられたSLで、国鉄時代の車両番号13号車は昭和二十九年廃車、14号車は昭和三十年廃車された。

しかし、現在でも健在で在られるクラウス社製機関車が他にもある。九州鉄道から国鉄、大分交通宇佐参宮線と変遷した九鉄19号機関車で、昭和四十年八月に廃車され、現在は宇佐神宮境内で静態保存されている。

また、昭和三十九年に廃線された山口県の防石《ぼうせき》鉄道で活躍したクラウス社製機関車は元・川越鉄道（現・西武鉄道）のSLであるが、JR防府駅近くで鉄道記念物として静態保存されている。

旧・明治鉱業の二両と合わせて合計四両が一二〇歳を超えて長寿で在られるが、沼田町と遠野市のクラウス社製SLだけが、九州鉄道開業時の明治二十二年に輸入され、現存する最古のクラウス社製機関車である。関係諸氏の協力が得られレトロ鉄道が復活できるならば、セピア色の門司停車場が蘇るかもしれない。明治初期のSL列車が走行すれば、世界中のSLファンや観光客に愛される人気スポットになるだろう。

《汽笛一声新橋を……門司よりおこる九州の　鉄道線路をはるばると

ゆけば大里の里すぎて　ここぞ小倉と人はよぶ……》

（作詩・大和田建樹）

「レトロ鉄道であるメルボルン郊外のパッフィン・ビリー鉄道やルーマニアのビ・シェウ・デ・スス鉄道は大人気と聞いているけど、日本にも本格的なレトロ鉄道が必要と思うな」と鉄男君。

「あなたには遊園地のお猿列車の方が合ってるわ」と歴女さんの厳しい言葉が返ってきた。

（注1）九州鉄道を指導したヘルマン・ルムシュテル（一八四四－一九一八年）は日本の鉄道建設の三恩人の一人と言われ、彼の胸像は博多駅ビルの屋上庭園にある鉄道神社の脇にある。胸像の下には「九州鉄道之恩人HERMANN RUMSCHOTTEL　１８４４－１９１８」とあるが、九州鉄道の恩人をＨＯＴＥＬのＴＥＬ番号と間違っては困る。

彼はドイツ国鉄の技術者で、機械製作局長兼資材局長の時、九州鉄道に技師として招かれ、明治二十（一八八七）年十二月から博多に滞在した。明治二十三年に技師長となり、ドイツから鉄道車両を輸入したり、鳥栖－佐賀間や高瀬－熊本間などの鉄道工事を指導し、ドイツの技術様式で九州鉄道の基礎を築いた男と言われる。

門司の赤煉瓦造り九州鉄道本社も設計したという話があるが、鉄道技術者に建築ができたのか疑問もある。また、門司港駅舎（大正二年三月着工、翌三年一月完成）は彼の指導で造られたという記述を多く見かけるが、この話は年代がまったく合わないので、間違いである。

彼は明治二十五年、九州鉄道との契約を解除し、別子鉄道の設計や日本鉄道の東京市内高架線の設計をした後、ドイツ公使館の技術顧問となったが、明治二十七年に帰国した。

本州における鉄道建設の恩人モレルの胸像は桜木町駅改札口正面のガラスケースの中に展示されている。

薄幸な男、モレルの運命はその胸像の下に書かれている。

その文面は「初代鉄道建築師長エドモンド・モレル（1841〜1871）1865年、英国土木学会員に選ばれる。1870年、鉄道敷設を計画していた日本政府は初代鉄道建築師長として雇用し、10数名の技術者とともに日本に招いた。1872年を目標に新橋〜横浜間の鉄道事業はモレルの監督のもと着手されたが、日本の鉄道開通を見ずに1871年29歳で他界。イギリス人」とある。彼は来日時、すでに肺結核を患っていたらしく、日本で初めて汽車が走った新橋―横浜間開通を見ることなく、若くして他界した。彼の墓は横浜の「港の見える丘公園」の奥にある外人墓地にあるが、鉄道記念物となっており、碑文は元国鉄総裁十河《そごう》信二の書である。なお、外国人墓地は特定日の土・日・祝日に募金公開している。

北海道の鉄道建設の恩人はクロフォードで小樽市総合博物館に胸像がある。

ジョセフ・ユーリー・クロフォード（一八四二―一九二四年）は明治十二（一八七九）年二月に来日、二年間の滞在で明治十四年米国に帰る。北海道開拓使顧問として幌内鉄道の建設を指導し、米国の鉄道技術を日本に伝えたアメリカ人鉄道技師である。大正十三（一九二四）年フィラデルフィアにおいて八十三歳で亡くなった。胸像の背面には「北海道に初めて鉄道が開通したのは明治十三年十一月二十八日、手宮・札幌間の二十二哩《マイル》でありました。ジョセフ・クロフォード技師は開拓使の招きによって来朝され、異国の僻地にあってよく風雪と闘いこの偉業を成し遂げられました。……」とある。

（注2）ナロゲージとは、レールの内のり幅（ゲージサイズ）が七六二ミリ規格の線路のことで、「軽便鉄道法」の時代に地方で多く採用された。日本最初のナロゲージ鉄道はクラウス社製のミニ機関車が走った伊予鉄道の外側《とがわ》（後の松山）―三津浜間であり、この路線の七六二ミリが軽便鉄道の基準として全国に広まった。

北九州の近くでは岡山県の下津井電鉄や山口県の舟木鉄道などがあった。ナロゲージ王国東北地方の花巻電鉄で活躍した狭小幅の馬面《うまづら》電車は昭和四十四年に廃線されたが、鉄道好きには今も人気の電車である。雪深い鉛温泉で撮影された映画「銀《しろがね》心中」（昭和三十一年、新藤兼人監督作品）にこの電車が出てくる。

草津―軽井沢間でカブト虫のようなスタイルをした小型電気機関車が牽引した草軽電鉄は、昭和三十七（一九六二）年に廃止された話題の多いナロゲージである。東京でストリッパーをしていた高峰秀子が故郷へ錦を飾りに帰る映画「カルメン故郷に帰る」（昭和二十六年、木下恵介監督作品、日本最初のカラー映画）や群馬交響楽団苦闘の歴史を描いた「ここに泉あり」（昭和三十年、今井正監督作品）、森繁久彌が小さな駅の駅長兼駅員を演ずる「山鳩」（昭和三十二年、丸山誠治監督作品）などの映画にも登場している。

何故か懐かしい日本の原風景を感じさせる鉄道であるが、近年どこの路線も廃線されつつあり、黒部峡谷鉄道、近鉄の一部路線、三岐《さんぎ》鉄道北勢《ほくせい》線を残すのみとなった。ドイツ北部のバルト海に面したリゾート地を走るモリー鉄道は、美しい石畳の街を走るおとぎ話のような列車で、近年、世界中のＳＬファンを魅了している。

ＪＲ在来線、ＪＲ線と相互乗り入れをする私鉄などの軌道は狭軌《きょうき》（一〇六七ミリ）と呼ばれている。官設鉄道に狭軌採用を決定した人物は、その当時の大蔵大臣であった大隈重信である。彼はエドモンド・モレルの助言や困窮していた財政事情などより決定したが、後に大隈自身がこの決定は失策であったと述べている。海外では南アフリカでも狭軌が採用されている。ケープタウンからキンバリーを経てプレトリアへ走るロボスレイルは世界でも屈指の豪華列車である。

新幹線や旧・西鉄北九州線などの私鉄は標準軌（一四三五ミリ）である。なぜ標準軌か。その理由は、産業革命後の英国ではゲージサイズが色々あり円滑な輸送が困難に成りつつあったため、イギリス議会で一四三五ミリ幅を標準ゲージとし、その後、国際鉄道会議で世界標準と決められたからである。英国で一四三五ミリを採用した理由は、十九世紀初めジョージ・スチーブンソンが蒸気機関車を製造していた北イングランド地方の炭鉱トロッコのレールゲージが一四三五ミリだったことによる。

一三七二ミリ幅の偏軌《へんき》は馬鉄ゲージとも言われ、明治時代に馬車鉄道で多く採用されたゲージである。都電、京王電鉄（井の頭線を除く）や都営新宿線、それに開業初期のころの京浜急行電鉄、京成電鉄などがあるが、東京の場合は東京馬車鉄道のゲージから都電へと受け継がれた経緯がある。

7 トロッコ列車は筑豊鉄道網・鹿児島本線北端

桟橋通りを横切る鉄道は二本あった。その一本は鉄道局ビルと門司港駅の間を通り抜け、郵船ビルの東側に沿って進み、門司港ホテルの場所にあった門司埠頭駅に行く貨物専用の門司港駅貨物線である。この駅は昭和八（一九三三）年に開業し、当時の駅名は門司港駅《もじみなとえき》であったが、昭和十七年に門司埠頭駅と改称された。関門鉄道トンネルが開通し門司駅が門司港駅に改名されたためである。明治時代の地図を見ると、この線路は第一船溜埋立てと同時に敷設されたが、当初は駅名がなかったようである。昭和四十七年三月に廃線されるまでＣ12形蒸気機関車がワム形有蓋貨車の最後尾を押して桟橋通りを横断するレトロな光景があった。

もう一本の線路は現存している。開業当時の初代門司駅（現・九州鉄道記念館駅）から和布刈近くの外浜駅を経て田野浦までの路線である。この路線の距離は短いが、経歴は長い。

明治時代末、田野浦と筑豊とを鉄道で結び、石炭積出港にするという発案により、周防灘沿いに田野浦から大積、曾根、石田を経由して筑豊地区と繋がる路線建設を、県議会より明治政府に上申したことに始まる。

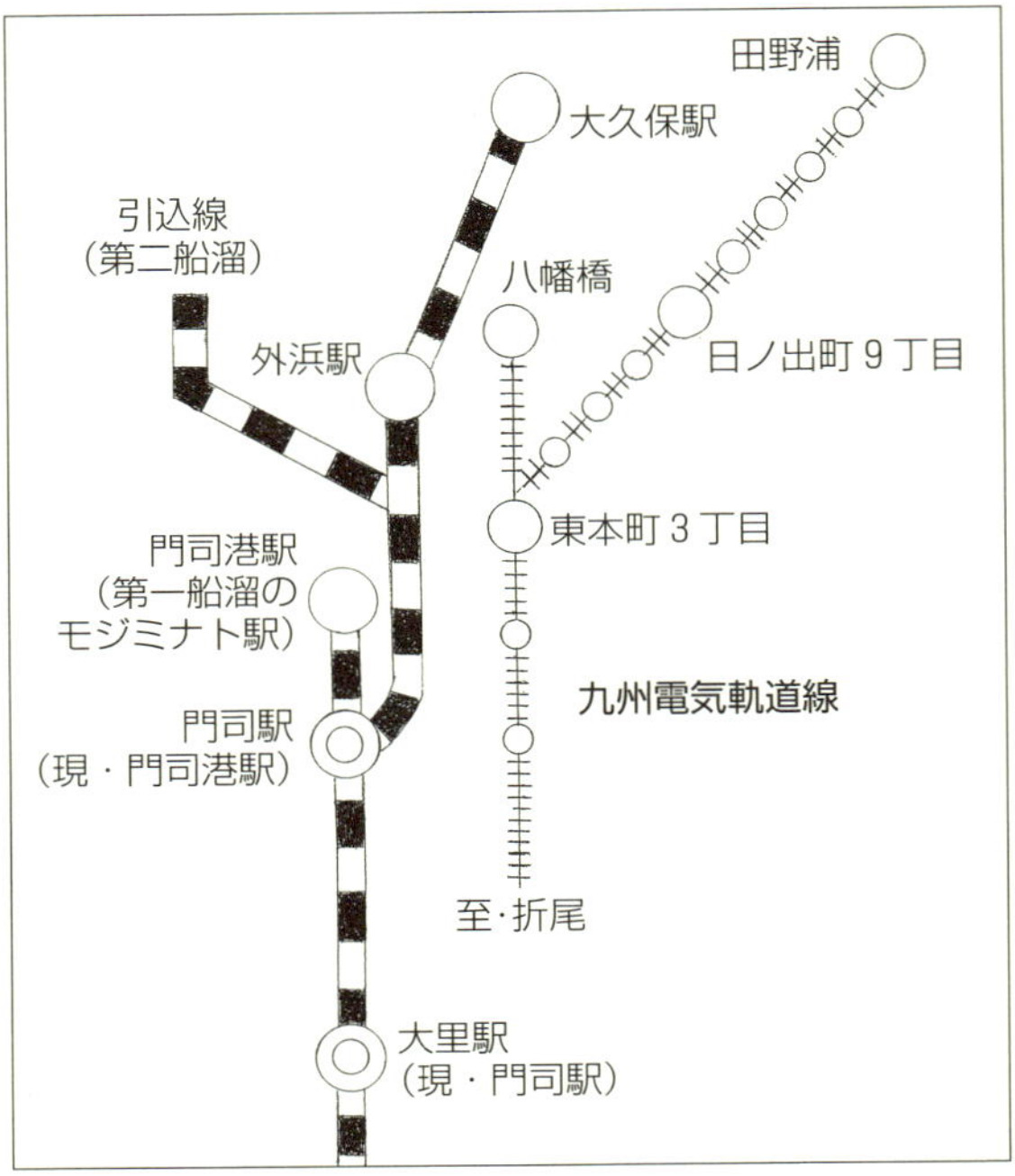

昭和８年ごろの路線図

昭和四年二月に鹿児島本線より門築大久保駅までの区間が門司築港会社により開通している。門司築港会社は門築電車を造った会社でもある。

昭和五年四月一日、路線の中間に外浜駅が開業し、（初代）門司駅より外浜駅までは国鉄鹿児島本線貨物支線となった。

昭和十八年十二月、門司築港会社は門築土地鉄道に社名変更されている。

昭和二十八年、米軍が門司港一号及び二号岸壁を接収したため、翌年に代替え岸壁として田野浦海岸を埋立て岸壁造成をした。

そのため運輸省により大久保－田野浦間が伸線され、外浜－大久保間も運輸省が門築土地鉄道より買収した。

昭和三十五年四月から門司市が門司港公共臨港鉄道として管理運営した。

昭和三十八年に北九州市の管理となった。

昭和三十九年、三菱セメント及び三井セメントのセメントクリンカーを輸送開始した。

昭和五十一年にはセメントクリンカーなどを運ぶ貨物列車が、田野浦の三井鉱山セメント工場より筑豊本線の折尾、直方を経て旧・伊田線金田まで一日十八本運行されていた。

平成十七年（二〇〇五）十月一日に営業を停止した。現在は平成筑豊鉄道により観光トロッコ列車が運行されている。

この路線は建設当初の主旨から筑豊石炭輸送網の北端とも言えるが、貨物の門鉄の象徴である網目状に張り巡らされた筑豊路線網を担当するスジ屋は、複雑難解なダイヤ作成に大変苦労したという。旅行する乗客にも列車の乗り継ぎは難題であった。スジ屋とは鉄道運行表作成係のことで、寿司屋がダイヤの指輪を作成していたのではない。

門鉄局は九州鉄道時代から石炭などの貨物輸送を重視したために複雑な路線になってしまった。石炭輸送の幹線である筑豊本線では折尾より中間まで四本線（複々線）であり、中間から筑前植木間は三本線であった。筑豊の町は蒸気機関車の煤煙で何もかも黒ずんでいたし、旅客駅であった博多駅の駅長は栄転先が石炭貨物中心の若松駅であったと言われることからも、貨物重視が想像できる。

さらに、海側方向に向かうと、古びた旧・鉄道局のビルがある。昭和十一年に建てられたアメリカ式のオフィスビルで、コーネル大学卒の松田軍平（一八九四―一九八一年）が設計し、清水組が施工した。松田は直方出身であり、ニューヨークのジョン・ラッセル・ポーブ事務所でアメリカ式オフィスビルの設計を学んだ。帰国後、三井の団琢磨（一八五八―一九三二年）に引き立てられ三井本店など立派なビルを設計している。

当時としては九州一の六階建て高層ビルで、オフィスビルの先駆けとなる貴重な存在である。当初は三井物産門司支店のビルであったことの名残が、エントランスの外壁上部にある彫刻からもうかがえる。こ

元ＪＲ九州ビルの玄関を飾る彫刻

の彫像は黒御影石に彫刻された商売の神様マーキュリーの姿である。

三井物産は明治三十二（一八九九）年、門司に進出したが、この建物は同社の門司で三代目になるビルであった。昭和二十八年に国鉄が買収し門鉄局の中枢的なビルとなった。一階の玄関脇には門鉄記者クラブがあり、当時人気のテレビ番組「事件記者」のような詰め所で、新聞記者が情報発信に活躍していた。

昭和六十二年国鉄は分割民営化され、平成十三（二〇〇一）年までＪＲ九州の本社ビルとなった。

ビルの玄関を見上げながら鉄男君が呟いた。

「この立派な彫刻の作者は松田軍平の友人である安喰たかのぶと聞くけれど、なんだか寂しそうだな。しかし栄光のアメリカを象徴するマンハッタンの古いビルの趣があるＪＲ九州ビルのエントランスからは、ウォール街で大儲けした実業家が飛び出してきそうだ」

8 真実は謎の門司港駅舎

門司港駅舎は謎ばかり

門鉄局ビルの隣は鹿児島本線起点の門司港駅である。

門司港駅は、大正三（一九一四）年二月一日に二代目門司駅として現在地に移転し営業を開始した。駅舎はフレンチ・ルネッサンス様式の木造二階建てである。関門鉄道トンネルの開通に伴い、昭和十七（一九四二）年四月一日に門司駅は門司港駅と改称され、当時の大里駅が四〇〇メートルほど南側に移転して門司駅となった。

頭端式櫛形ホームのＪＲ駅舎には、門司港駅、上野駅、天王寺駅、高松駅があるが、古めかしい終着駅の面影を残す駅舎は門司港駅だけになってしまった。島国日本には朝日や夕日が美しい最果ての終着駅も数多く見つかるが、駅の醸し出す旅情と重厚な風情で門司港駅に勝る駅はない。別れの悲しみと再会の喜びに満ちた大正、昭和の郷愁が今も漂う終着駅である。

余談であるが、日本は終着駅が多い国で、ＪＲの終着駅数は八十もあり、意外にも山陽本線や東海道本線にだって終着駅がある。それは山陽本線「和田岬駅」と東海道本線「美濃赤坂駅」である。なぜ山陽や東海道線に終着駅ができたのだろうか。和田岬－兵庫間は明治二十一（一八八八）年に開通し、山陽本線で最も古い区間であるが、この支線は山陽鉄道建設の資材運搬用に造られた。東海道本線美濃赤坂支線は大正八年、金生山《きんしょうざん》の石灰を輸送するために造られた路線である。両線とも土・日曜に終着駅を訪れると泡を食ってしまうが、その理由は時刻表を見れば分かるだろう。

歴女さん「建設当初の門司港駅の写真を見ると、屋根の上にある大時計がないわ。駅舎の正面前部にある鉄骨トラスの大庇《おおひさし》もないのね。外壁は石張りに見えるし、その色調は黄色だわ。それに正面の外柱は白色だし、どういうことなの。今の駅舎は大正時代の建物かしら。それに戦災による被害はなかったのかしら」

鉄男君「屋根の上の電気時計は駅舎完成より遅れて、大正七年に設置されたんだよ。この大時計は門鉄局の象徴であるかのように見え、建物の威厳を一層高めていると思うね。さらに大庇が昭和四年に取り付けられたが、バスが運行を始めた時期であり、バス乗り場は駅正面にあったので、乗客の雨除け日除けに役立っただろうね。

外壁は木材を横長に貼った下見板張壁で、一見石張りと見間違うけれど木造建築で、塗装色はＳＬの煤煙により黒く汚れていたけれど、ダークグレー調の塗装がなされたようだよ。建設当初の色に復元するのもいいけど、奈良の仏像を金ピカにしないのと同じで、現状の方が歴史の重みがある色かもしれないと僕は思うな。

昭和二十年三月五日の爆撃により門司港駅ホーム一棟が全壊し、三名が死亡する不幸な事故があったんだ。戦時中は女性職員も多数働いていたが、女性職員一名が死亡したと聞いているよ。昭和二十年六月二十九日の焼夷弾による門司港市街地大空襲では桟橋通りの北側から東本町方面にかけて被災したけれど、門司港駅周辺は幸運にも被害を免れたんだ」

昭和五十九年に地元の方々の厚志と協力により銅葺き屋根が修理された。背の高い西欧風の腰折屋根とドーマ窓がクラシックで気品のある駅に引き立てているし、大きな花弁形の真鍮製トイレ手洗い鉢や真鍮板を張ったコンコースの柱は西欧風の趣がある。しかし木造駅舎なので白蟻被害などで老朽化が進んでおり、平成二十四年九月より本格的な改修工事が始まった。

駅正面左側にあるみどりの窓口は一・二等客待合室、右側の食堂は三等客待合室で、その待合室にはマントルピースがあった。

現在の待合室の場所には手・小荷物取扱窓口があった。チッキと呼ばれた国鉄の手・小荷物便は、宅配便に取って代わられるまで大切な輸送方法であった。また、出札口、駅長事務室、電信室もあったが、電話が普及してないころには電報利用者も多く、電信室は重要であった。ホームには小さなバッテリー車が小荷物を載せた台車を数台牽引する光景があった。ローマのテルミニ駅の影響とも言われる男女別の大きな洗面所は、大理石造りであったという。

二階の貴賓室は大正天皇を始め皇族の方々や政府高官などが休息のため利用されたが、戦後の昭和二十年十二月二十三日、ＲＴＯが設置され、室内がペンキ塗装された。ＲＴＯとは、連合国の第三鉄道輸送司令部の下に全国の主な駅に設置された鉄道司令部（RAILWAY TRANSPORTATION OFFICE）である。その後、建設当初の状態にリニューアルされ、今は展示室として利用されている。

同じく二階にあった神戸みかどホテル経営の洋食レストラン「みかど食堂」は大変賑わっていた。門司港駅開業と同じく大正三年に営業を始めたこのレストランは、おしゃれをして行く場所だったという。当時、晴着姿でナイフやフォークの食事をし、コーヒーやワインを飲むことは大変モダンなことであったのだろう。だが門司港駅の「みかど食堂」だけが気取ったレストランだったということではなく、各地でも大きな駅を中心に駅構内食堂は高級で、社交上権威のある場所として誕生した。

しかし、関門鉄道トンネルの開通により客足も次第に遠のき、昭和十九年に店舗を一階にある一・二等待合室の場所に移転したものの、昭和五十六年四月一日に閉店した。昭和二十六年に一階に移転したとの記録もあるが、食糧難の時代であり、一旦休業した後に再開業した年度ではあるまいか。その後は経営者も変わり「喫茶食事のステーショングリル」となり、平成元年「みどりの窓口」へ変遷した。なお門司港駅みどりの窓口開設は昭和四十六年十二月であるが、当初はこの場所ではなく出札窓口を併用していた。

寂しげな門司港駅舎を歩いてみると、木製の改札口や出札窓口からは大正ロマンの香りが流れてくるし、外地や上方へ旅立つ人々のざわめきが柱や梁から聞こえてくるようだ。

——小雨そぼ降る朝のプラットホームで「さようなら門司港、今日旅立つの」と振り返るのは哀しすぎる。足音だけが聞こえる昼下がりの待合室は静寂で退屈すぎる。落ち葉が舞い秋風が吹き抜ける夕闇の改札口は哀愁が漂う。日も暮れた終着駅は汽笛が遠吠えのように響き渡る。ＳＬの煙は親父の薫り、旅の薫り。ゴッ、ゴッ、ゴッと蒸気を噴き出し思い出列車が遠ざかる——

私たち三人は門司港駅の経歴を少し誤って理解しているかもしれない。というのは、すでに明治二十九年、軍事的にも産業政策からも本州と九州を海底トンネルで結ぼうという案が博多商業会議所で論議されており、明治四十四年に鉄道院総裁・後藤新平はさらに踏み込んで、鉄道橋梁案にするか海底トンネル案にするか比較調査することを命じていた。そのプランでは主力駅が大里駅（現・門司駅）になることが予想されていた。そのことから二代目門司駅（現・門司港駅）は煉瓦造りやコンクリート造りの恒久的な建物にせず、木造建築に決められたという。駅舎の設計は鉄道省九州鉄道管理局工務課であるが、国有化される前の九州鉄道社長である仙石貢《みつぎ》（一八五七―一九三一年）と元九州鉄道の設計スタッフの意向が反映されて作成されたと推測され、デザインは二代目博多駅を模して設計されたという話もある。仙石貢は高知県出身で九州鉄道の前は日本鉄道や甲武鉄道などの工事を担当し、後に鉄道院総裁になった鉄道技師で、欧州やドイツ趣向でも知られた男である。

開業当時の二代目博多駅はモダンな駅舎が話題であったというが、写真をじっくり眺めるとスレート葺きの腰屋根に左右対称の外観で、門司港駅舎とよく似ており、納得できる話である。さらに二代目博多駅の間取り図を見ると、確信はますます深まる。その博多駅の概要は、明治四十二年六月開業（明治四十三年説もある）で、一階の駅舎内は正面左側に一・二等待合室と婦人室があり、正面右側に三等待合室がある配置で、他の施設も門司港駅に全く似ているが、婦人室が門司港駅にはなかった。二階には貴賓室と洋食堂があり、ここも門司港駅とそっくりである。外壁は人造石で造られ、門司港駅同様に三等待合室にもマントルピースがあり豪華な造りであったが、マントルピースは小便用のトイレと間違われたそうである。二代目博多駅の設計は東京帝国大学教授で後に日本建築学会会長になった中村達太郎、文部省技師で東京大学本郷を設計した山口孝吉らである。福岡市出来《でき》町公園付近にあった旧駅舎は、三代目博多駅が移転建

竣工直後の２代目門司駅（現・門司港駅）。まだ海岸通りは造成されていない（提供：宇都宮照信氏）

設されたため、昭和三十八年、あっけなく取り壊された。残念なことである。

日本を代表する終着駅の素地は門司港駅にあると思うが、海外の終着駅と比較してみよう。門司港駅のデザインは欧州の代表的な終着駅、ローマのテルミニ駅を模倣したという話がある。だが、戦後の映画「終着駅」で有名な現在のテルミニ駅に旧駅舎の面影はない。映画は巨匠ヴィットリオ・デ・シーカ監督作品で、アメリカ人旅行者で人妻である主人公とイタリア青年教師の出会いと別れを描いている。一九五三年に公開され、翌年の昭和二十九年に日本で封切られた。

イタリアの主要駅はムッソリーニによりファシズム様式の駅舎に建て替えられたが、一八六二年開業のテルミニ駅も一九三三年に建て替え工事が始まり、一九五一年に新駅が完成した。イタリア調の大理石が多く使われた長方形の駅舎で、十二本のプラットホームが櫛状に並ぶ頭端式ホームの

門司港駅とよく似た２代目博多駅。大理石や彫刻柱を多数使用した高級仕様の駅舎であったと聞く（提供：三宅俊彦氏）

近代的な広い駅であるが、門司港駅舎とは全く異なっている。旧テルミニ駅と門司港駅の建築様式に共通点はあったのだろうか。

鉄男君は「門鉄局のお膝元である門司港駅は随所に豪華な部材を採用しているが、きっと二代目博多駅を模した設計で、博多駅より建築費緊縮型仕様の駅だったに違いないよ。また、博多駅風のデザインということはドイツ・プロイセン風駅舎かもしれないが、プラットホームを含めた全体としては欧州の終着駅である旧テルミニ駅の小型版として類似性があったかもしれない」と早計な結論を出したが、真実は謎である。だが、一九三三年以前のテルミニ駅の状況が分かれば真相に迫れるかもしれない。

門司港駅の施工は岡山市の土建業者である菱川組が請け負い、建築費は約五万六五百円説や約八万九八百円説がある。大正二年三月十六日に着工し、大正三年一月十五日に完成した。駅開業は同年二月一日である。

なお、門司港駅舎は関係者の努力で昭和六十三年十二月十九日に国の重要文化財鉄道施設第一号に決まった。第二号は平成五年八月に指定された信越本線横川－軽井沢間にあるアプト式鉄道赤煉瓦橋梁の遺構である。

昼下がりの門司港駅

「哀しみだけが門司港駅の情景では暗すぎるよ。テルミニ駅には『クラブユーロスター』という豪華な待合室があるというから、門司港駅にも『倶楽部レトロスター』という待合室を造り、鉄道好きな旅行者や海外のツーリストを歓待すれば楽しくなるだろう。ＢＧＭでＳＬや汽船の汽笛が聞こえ、三橋美智也の『哀愁列車』が流れ、バニーガールのバナちゃんがバナナを配り、熱いコーヒーがサービスされる待合室から元気な『楽しみ本線九州の旅』が始まる。今宵は筑前博多でモツ鍋か、明日は佐賀で竹崎ガニか」

「鉄男さん正気かしら。しっかりして」

昭和五（一九三〇）年夏の昼下がりにタイムスリップしてみよう。

上海帰りの娼婦リルさんとステッキ片手にご満悦なＶＩＰさんが門司駅二階の「みかど食堂」でフランス料理を食べていたところ、毎朝新聞の記者にそのことが伝わった。慌てたリルさんは化粧室に、ＶＩＰさんは貴賓室に逃げ込んだ。しばらくしてＶＩＰさんは「何処にいるのかリル、上海帰りのリル」と叫び、大騒ぎになった。その後二人は関門連絡船「門司丸」の一等船室に腰を落ちつけ、数多くの汽船が停泊している海峡に眼を見張りながら下関へ、夕刻に下関発東京行の一・二等特急「富士」の最後尾にある展望車から手を振りながら東の彼方に消えて行った。

「富士」は洋食堂車を連結していたが、その経営は「みかど」が行っていた。二人は人気メニューであった一円五十銭の夜食と五十銭のビーフステーキを腹いっぱい食べ、八銭した食後のコーヒーを味わいながら山陽本線の旅情を楽しんだ。

「十円玉一枚もあれば、食べ放題飲み放題だね」

「千円札で食堂車ごと買ってよ。ＶＩＰパパ」

ドケチなＶＩＰ氏はＨＯゲージ模型の食堂車を買ってあげたが、それが原因で三行半を突きつけられることになってしまった——。そんなドタバタ劇があったかもしれない。

なお、東京－下関間の欧亜国際連絡列車である特別急行列車が運行を始めたのは、明治四十五（一九一二）年六月十五日で、「富士」と「櫻」の列車愛称名が始まったのは、昭和四年九月十五日である。「富士」は昭和九年十二月一日より三等車も連結した。

当時、洋食堂車付き列車は和食堂車付き列車より格上列車の場合が多く、時刻表ではナイフとフォークが交差したマークの列車は洋食堂車で、盆の上に椀と茶碗のマークは和食堂車であった。もう一本の下関－東京間を走った三等特急「櫻」は和食堂車を連結し「東洋軒」が運営していた。

日本で最初に食堂車付き列車が運行された時期は明確でない。一説によると、明治二十七年六月、山陽鉄道の神戸－広島間急行の一等寝台食堂合造車に、その車両の乗客が専用に利用する六席の食堂が山陽鉄道直営で併設されたが、赤字であったため、明治三十一年六月に神戸停車場近くの「自由亭ホテル」へ運営を任せたという。山陽鉄道は明治二十八年十月二十一日に官設鉄道の京都に乗り入れ急行を運転、さらに明治三十二年五月二十五日に京都－三田尻（現・防府）間に食堂車を連結した最急行を走らせた。最急行とは現在の特急のような列車である。その食堂車は、自由亭ホテルが西洋料理のみのメニューで運営を始めたのだが、和装姿の乗客や洋食マナーに慣れない乗客も多く不人気であった。明治三十四年四月に「自由亭ホテル」は「みかど」になった。なお、長崎にある西洋料理店「自由亭」の草野丈吉（一八三九－一八八六年）が設立した大阪中之島公園の高級ホテル「自由亭ホテル」との関係は見つからない。

さらに明治三十四年十二月に官設鉄道の新橋－神戸間夜行列車に食堂車が連結され、次第に全国に広まっていった。

九州での食堂車の運行は、明治四十一年四月十六日、門司－長崎間の一往復列車に洋食の一等食堂車ホイシ5080形が連結されたことに始まる。当時、上海航路は長崎を起点としていたためだろう。

大正十三（一九二四）年時点での九州における食堂車連結状況は、門司－鹿児島間三往復（みかど、共進亭）、門司－長崎間一往復（共進亭）、門司－都城間一往復（みかど）であった。

食堂経営会社のみかど（東海道山陽及び九州）、東洋軒、精養軒、東松軒（以上三社は東海道山陽）、伯養軒（東北奥羽）、共進亭（九州）、浅田屋（北海道）の七社は、昭和十三年九月十三日に統合され日本食堂株式会社になった。政府による食糧統制で食材入手が困難になったために統合したのである。

9 内本町界隈の賑わいと空襲

戦前は、栄町商店街を通り抜け堀川を渡ると内本町に出た。不夜城のように賑わった歓楽街内本町を中心に、内堀川町・鎮西橋付近はモダンな洋食屋やコーヒー店なども数多くあり、映画館や演芸場も人気であった。現在の地名では東本町一・二丁目あたりである。

それにしても最盛期の昭和十六（一九四一）年には一日平均二万四千人以上のパッセンジャーが通り抜けた門司港の食事が気になる。昭和二年元旦の「門司新報」広告には「菊の屋」「常磐」「音羽」など門司高等料理屋組合四十五軒が名を連ねている。きっと内本町には素敵なお店も多くあったのだろう。長い旅路の航海を終えたマドロスさんは、何処の酒場でグラスを交わしたのだろう。旅立つ人々が涙こらえて乾杯したお店の名残は路地裏に今もあるのだろうか。

門司には長い旅路の疲れを癒す旅館も数多くあり、桟橋通り付近には明治中ごろ開業した高級旅館もいくつかあった。中でも石田平吉が経営する「石田旅館」は名旅館で、西本町に面する柳月堂菓子店の隣にあった。石田は、駅弁の「石蔵屋」を創業した盟友・石蔵芳平と共に九州鉄道敷設の資材斡旋や運搬で成功したが、後に門司港石田桟橋で門司渡船事業を行い、衆議院議員をも務めた実業家である。

石田旅館の広間

旧三井物産門司支店の東隣にあった旅館「川卯《かわう》」は西園寺公望など高級要人も宿泊した。森鷗外の『小倉日記』によると、彼が明治三十五（一九〇二）年三月二十六日夕刻、小倉を去り大阪へ旅立つ折に小憩した旅館でもある。

戦災で焼け残った旅館「群芳閣」は道路拡張などで縮小されたものの、現在も存続する唯一の戦前の旅館である。この旅館は筑豊の炭坑坑内に排水ポンプを据え付けるなどの機械化に成果をあげた片山逸太が創業した。売りに出ていた旅館を買い取り開業したが、当初は料亭であったという。

門司港地区の映画館の動向はどうだったのだろう。福岡県内で最初の活動常設館（映画館のこと）は門司の「電気館」である。明治四十三年十一月十四日に港町鎮西橋西手に開業したが、まもなく劇場に変わった。その後、内本町二丁目の「日の出座」が大正二（一九一三）年一月十六日に「世界館」の名称で映画館を開業した。門司の中心街にあったため老若幅広い客層に人気の映画館であった。大正三年三月二十八日「永眞舘」が日ノ出町二丁目に開業。大正九年六月に東川端二丁目の「凱旋座」が映画館に変わった。大正十年に東川端五丁目に「メカリ舘」ができたが、大正十四年「早鞆倶楽部」となった。さらに翌年「松竹倶楽部」となり、昭和九年「松竹座」に改名した。また、大正十年には本川町四丁目に「本川座」が開業し、マキノキネマの人気に乗り門司一番に繁盛した。一方、昭和十六年に内堀川町の寄席「旭座」を改築してできた「門司日活」は、人気がなかったという。

北前船の「風待ち」「潮待ち」という言葉を青森県深浦の湊で聞いた覚えがあるが、下関や田野浦も北前船の寄港地である、その影響でもあるまいが、門司港でも戦時中、輸送船の出港が延びると、「風待ち」「潮待ち」と言って多くの兵隊さんが名残に映画を見に行ったという。昭和十九年当時、兵隊さんの人気映画は「フクチャンの潜水艦」（横山隆一原作、松竹）や「加藤隼戦闘隊」（山本嘉次郎監督作品、東宝）であった。

戦況も悪化し始めたころ、街角の拡声器から伊藤久男の「暁に祈る」が流れていた。

《あああの顔で　あの声で　手柄たのむと　妻や子が
　ちぎれる程に　降った旗　遠い雲まに　また浮かぶ……》

（作詞・野村俊夫）

昭和二十年二月の企業整備で「本川座」、葛葉の「豊国舘」、大里の「松濤舘」や、昭和十八年五月に「永眞舘」から名前を変えた「ミナト映劇」が休館となった。歓楽街の全ては昭和二十年六月二十九日午前一時三十分前後の空襲で焼け尽くされ消えてしまったが、それまで営業を続けていた「世界舘」や「日活舘」も焼失し「松竹座」一舘が残ったと聞く。

焼け跡を眺めながらルージュの唇を噛み締め頬に涙した内本町の女将や、老松公園の片隅で星の流れに身を占ったモンペ姿の女給さんもいただろう。

戦争が終わり、わずかばかり焼け残った栄町の街角にも、松竹映画「そよかぜ」（佐々木康監督作品）の主題歌で並木路子が歌う「リンゴの唄」が流れていた。

《赤いリンゴに　唇よせて　だまって見ている　青い空……》（作詞・サトウハチロー）

戦争で傷ついた心の痛みや悲しみの中にも希望の光が少しずつ差してきた。

空襲で焼け野原になった羽衣町五丁目に「銀座映劇（通称・銀映）」がポツンと建った。銀映では戦災孤児のガンちゃん・みどりと復員兵・加賀美修平が逞しく生きる「鐘の鳴る丘」（佐々木啓祐監督作品、松竹）が上映されていた。明日が見えない戦後の混乱期を生き抜く子供たちから大人までを元気づけた。

《緑の丘の赤い屋根　とんがり帽子の時計台　鐘が鳴りますキンコンカン……》（作詞・菊田一夫）

昭和三十年になると、銀映と道を挟んで左隣に映画館「新世界」ができ、内堀川町に面する北隣には洋画専門の「テアトル金星」が造られて、若い人が集まる映画館街になった。近くの日ノ出町三丁目にあった「門司東映」や本川町四丁目の「国際映劇（旧・本川座）」、東川端町五丁目の「有楽映劇（旧・松竹座）」も賑わっていた。

10 二十一世紀の門司港駅名物はアジアン駅弁か

戦前は駅前で行われたバナナの叩き売りが門司の名物であった。バナナは、日清戦争で日本の統治下にあった台湾より、明治三十六（一九〇三）年、神戸に輸入したことが始まりで、門司港への輸入開始は明治三十七年とも三十八年とも言われている。バナナは唐丸籠《とうまるかご》（鶏を飼う円筒形の竹製籠）に入れて運ばれ、輸入時バナナはまだ青色でなければならないが、天候が悪く船の入港が遅れるなどして輸送中に黄色味を帯びたり、多少の傷がついたりしたものを駅前で安売りした。

桟橋通りは縁日の出店のように店舗が二十軒余り連なり、アセチレンガス灯の下で威勢よく語る露天商の口上が面白く、市民や旅行者を楽しませていたという。しかし昭和十二（一九三七）年に始まった日中戦争の長期化や統制経済の影響で、昭和十五年ごろに輸入は中止された。

基隆－門司－神戸間や基隆－横浜間を結ぶ台湾バナナ青果物急送専用船として次の四隻が就航していたが、全て戦禍で沈んでしまった。

「高雄丸（四二八二トン）」は昭和十六年十二月に空爆で、「彰化丸《しょうかまる》（四四六七トン）」は昭和十七年五月に雷撃で、「屏東丸《へいとうまる》（四四六八トン）」は昭和十八年八月に空爆で、「台東丸（四四六七トン）」は昭和十九年五月、雷撃で沈没した。高雄丸はルソン島で軍用物資積み降ろし中に米軍の空爆で沈没したが、大阪商船の戦時犠牲第一号であった。

戦前の門司港はバナナ輸入の一大基地であったというが、バナナ輸入の大半は神戸港の通称八七七埠頭（バナナ埠頭）で陸揚げされていたとの話もある。その埠頭は現在の兵庫埠頭であるが、今もバナナの陸揚げを行っているとの話である。

「当時門司港に陸揚げされたバナナの真実が知りたいよ。バナナが好物の歴女さん調べてよ」

「困っちゃうわ、バナナと言われても。関門トンネルもない時代だから、きっと主に九州や中国地方向けのバナナが門司港で陸揚げされたと推測するわ。でも自信がないから当時の関係者の話を聞くに限るわね」

「地元の方は、鉄道が近くにある門司港は積み替えが便利だったから、日本最大のバナナ輸入基地であったし、朝鮮や満州方面へ運搬する中継地でもあったと話されているけれど」と私が助け船を出すと、

「歴女さんの想像と違い、地元先輩の話は最も確かだよ」と鉄男君。

「台湾の基隆と門司港間に定期船を運航し、バナナを駅前で叩き売りしても採算が難しいでしょう。だからパイナップル、パパイヤやコーヒー豆でも運んで叩き売りをしたらどう？　新作のパイパッパ口上を考えようかな」

「とんでもないよ。バナナ叩き売りの口上は門司の大衆芸能で、伝統文化に育て、保存に努力している方々も大勢いるのだから」

「ごめんなさい」

最近は叩き売り風景をあまり見かけないので、私は門司に行く時「東京バナナ」を羽田で買うことにしている。

折尾駅や直方駅で販売されている駅弁「かしわめし」は大正時代初めに門鉄門司運転事務所長の本庄《ほんじょう》巌水《いわみ》が考案し「上等かしわめし」の名で門司港駅で販売されたことが始まりとも言われている。彼は大正十（一九二一）年に折尾駅で筑紫軒という弁当屋を開業したが、昭和十七年、他社と併合し東筑軒となった。炊き込み御飯の味付けは妻のスヨの考案で、以来、秘伝として受け継がれている。最近、「かしわめし」の包装紙に石黒敬七（一八九七－一九七四年）の言葉が書かれていた。

「関門トンネルを出ると緑と太陽の国九州に入る。そこには僕の楽しみの一つである東筑軒の『かしわめし』が待っている。この駅弁の味から、夢多き九州の旅が始まるのである」

中高年には懐かしい石黒敬七は、新潟県生まれ、ＮＨＫラジオの人気番組「とんち教室」にレギュラー出演した雑学博士で、講道館八段、空気投げで有名な柔道家として活躍し、随筆家、画家でもあった。

現在、とり弁で東の横綱は奥羽本線大館駅の「鶏めし弁当」、西の横綱は折尾駅東筑軒の「かしわめし」である。東筑軒の場合は絶妙な味のそぼろ、繊細で美しい錦糸玉子、細かく均一に広げられたきざみのりで構成され、一見しただけで伝統の駅弁であることが分かるが、この三色をかき混ぜてから食べるのが通のやり方であるらしい。

もっともな話は疑うことも必要な場合がある。鉄男君の体験談であるが「弁当を混ぜるとチャーハンのようにパラパラになり、箸で食べると米粒を五粒か十粒ずつ食べる羽目になってしまい、食べきらないうちに目指す駅に到着してしまう」とぼやいていた。

関門トンネルを走ったEF3020号機関車

そこで門司バージョンかしわめしだが、スプーンで食べるのもよいが、ビニール手袋を弁当に添えてアジアン風に手づかみで食べることにし、容器は陶磁器にして上野《あがの》焼か小石原焼にお願いしてはどうだろう。そうすれば益子焼窯元「つかもと」の土釜を使い、「おぎのや」が製造販売する「峠の釜飯」を越えるかもしれないと考えてみた。ちなみに信越本線横川駅で販売されているこの釜飯は、年間三百万個売れているというから腰を抜かす。昭和三十二年に発売されてから一億五千万個を超えているという説もあるから、あやかろうではないか。

この話は門司の駅弁関係者に「とんでもない。冗談もほどほどにしなさい」とお叱りを受けるかもしれない。

群馬県の横川駅の奥にある「鉄道文化むら」には関門トンネルで活躍した懐かしのＥＦ30－20号電気機関車が展示されている。これは昭和三十六年四月、鹿児島本線が交流電化したことで関門トンネルに配置された交直両用型機関車である。塩害防止のステンレス製車体はデッキプレートのように加工され、リージェントボーイのようにクールなデザインの機関車である。

「門司に帰らないか」と機関車に声をかけたところ、「老後は近くの軽井沢でゴルフでもしている方が長生きできるよ」と断られた。

「かしわめし」も販売されてから百年近くになるが、もう充分に北九州伝統の逸品である。上等という言葉に中高年世代はウールマークのような温かさを感じるが、戦前に門司港駅で売られた「上等かしわめし」が最近、北九州駅弁から販売されていたらしい。また、九州新幹線全線開業記念「さくら弁當」も北九州駅弁から発売されている。新幹線の形をしたプラスチックの弁当箱で、中身はお子様ランチ風であり、中高年にとって多少恥ずかしいが、やはり「かしわめし」も少々入っている。

旧・門司駅で発売された石蔵屋の幕の内弁当。昭和3年5月9日午前の印がある（提供：宇都宮照信氏）

北九州駅弁当株式会社の旧店名は石蔵屋で、明治二十四年四月一日に初代門司駅開業に合わせて創業した伝統ある企業である。創業者の石蔵芳平は実業家・石田平吉と共に九州鉄道建設に協力した功績により門司駅の駅弁と茶屋の「石蔵屋」を造ることになった。

夏目漱石が第五高等学校へ向かう時に乗車した列車の座席は畳表でできていたが、この硬くて振動が胃袋まで伝わる座席に座って石蔵屋の弁当を食べたかもしれない。当時「かしわめし」はまだ発売されてなく「握り飯弁当」であった。最古の「かしわめし」は鳥栖駅の中央軒が大正二年に発売している。

11

昭和三十二年、門司港駅プラットホームの記憶

昭和三十二（一九五七）年の出来事である。まだ、国鉄車両は黒一色の時代であった。プラットホームに門司港発・博多行快速列車が入線してきた。流線型の最新型湘南電車80系スタイルで、ブルーとクリーム色の横須賀線カラーのスマートな列車に、少年はビックリした。乗車するとブルルン、ブルルンとトラックのようなエンジン音が床下より聞こえてきた。

これは昭和二十八年五月に全国で初めて配備された電気式気動車キハ４４１００形であった。ディーゼル機関で発電機を廻して走るこの車両は、故障が多かった。当時、蒸気機関車が主力である門鉄管内では電気技術者がほとんどいなかったため、整備や修理に大変な混乱があった。この快速の終点は昭和三十五年ごろに雑餉隈（現・南福岡）まで延長され、久留米行も二本程度できた。

隣のホームには門鉄デフと呼ばれる形式の、デフレクターの下半分がないC57形蒸気機関車が入線していた記憶が蘇る。デフレクターとは煙の流れを上向きに変え、運転時の視界をよくすると共に、車内に煙が入りにくくするために、釜の前部側面に取り付けた除煙板である。

門鉄デフはドイツのウイッテが一九四〇年ごろに資材の節約と性能向上のために考案し、ドイツ国内で

昭和28年８月、門司港－博多間を走る快速キハ44100形気動車（撮影・奈良崎博保氏）

採用されたが、日本では昭和二十七年、国鉄小倉工場で採用された。その第1号機はＣ57－155号機関車である。門鉄デフの形式はＫ－1からＫ－10、ＫＧ－1、ＫＧ－2、Ｋ－3'の十三種類あるが、鉄道ファンに人気で写真集も出版されている。

初めて国産技術で設計製作された大正生まれのＳＬ名機は、客車用のハチロク（形式８６２０）と貨物用のキュウロク（形式９６００）である。その門鉄デフが取り付けられたハチロクが肥薩線の「ＳＬ人吉」として現役で活躍している。

「ＳＬ人吉」は、風雪に耐え抜き病魔に襲われても蘇る人生教師である。

歴女さんが「鉄男君、ＳＬ人吉の人生について教えてよ」と話しかけた。

鉄男君の話を聞こう。

「この話の発端は北九州市長・末吉興一氏と

門司港駅ホーム際にあるハチロク（形式8620）の動輪

ＪＲ九州社長・石井幸孝氏の約束で、九州にＳＬ列車を運行すると決まったことに始まる。ＳＬ選定作業の結果、廃車されて人吉鉄道記念館で静態保存展示されていた８６２０形ＳＬが牽引することに決まった。この機関車はＫ－７タイプ門鉄デフ付き５８６５４号機で、大正十一（一九二二）年、四三五両目のハチロクとして日立製作所で製造された。九州各地で活躍し、三百数十万キロも走行した後の昭和五十（一九七五）年に廃車され、人吉鉄道記念館で展示されていた。

その後、関係者の苦労で新しく制作したボイラーに取り替えるなどの開腹手術の結果、『ＳＬあそＢＯＹ』として昭和六十三年三月に豊肥本線・熊本－宮地間で再びデビューした。しかし、豊肥本線の険しい急勾配やスイッチバックが続く立野越えの負荷は大きく、小倉工場で台枠の歪みや摩耗に対して車両の維持に苦労を重ねたが、平成十七（二〇〇五）年、台枠や軸受部に重大な不具合を生じて引退した。

この機関車を修復するには現在ではもう不可能な技術もあったが、関係業者や往年の技術者などの英知を結集して大修理をした結果、重度の損傷を乗り越え、平成二十一年四月二十五日『ＳＬ人吉』として不死鳥のように蘇った。運転区間は熊本駅から八代を経由し肥薩線・人吉までになった」と鉄男君の長い解説があった。

門司港駅プラットホームの間に設置された「安全の鐘」の傍にある軌条にハチロク（車番２８６２７）の動輪が展示されている。また、門司港駅近くの九州鉄道記念館ではキュウロク（車番５９６３４）が見学できる。

12 関門連絡船のノスタルジアと海峡の悲しみ

関門連絡船の系譜

――海峡の長いトンネルを抜けると和布刈の社《やしろ》があった。十分ほど歩くと終着駅に至った。駅の薄暗い地下道を抜けると連絡船浮桟橋に出た。空襲の晩、鎮西橋で駒子と約束した場所である。だが彼女は其の桟橋に見当たらなかった。独り雪国へ帰ったのだろうか。きっと今ごろ、雪解けの越後湯沢に向かっているだろう。急行「佐渡」の車窓から若葉萌える桑畑を見つめながら。

駒子と闇市で買った懐中時計の針が狂っていたため、こんなことになってしまった――

門司港駅の頭端式二面四線のプラットホーム手前を海側に進み、長さ約二〇メートルのトンネルのような通路を出ると、関門連絡船乗り場の浮桟橋であった。この通路は駅舎完成より十七年遅れて昭和六（一九三一）年に開通し、最盛期の昭和十六年には一日五十三往復の連絡船が発着し、年間八八〇万もの人々が通った。海峡を渡って門司港に到着し、中国・仏印・欧州に向かう乗船客や、上方・東京方面を目指す人々の喜び、悲しみ、希望や苦悩の匂いが染み付いているかのように地下道はドス黒くなっており、お盆

〈旧監視孔〉
詳細は不明ですが、ここは戦争末期、軍の命令で設置された渡航者の監視所跡です。
門司港は、外国航路寄港地の為、関門連絡船の通路は、戦時下の不審者を監視する絶好の場所でした。
監視孔は反対側にもあり、内部が分かりにくい構造で、横に入り口を塞いだ跡があります。

連絡線乗り場に繋がる通路の監視用窓

には幽霊が出るかもしれないと思っていた。後に連絡船桟橋が埋立てられ、この通路も廃道になり、門司港駅側出入口の外壁は明るく塗装された。

鉄男君「この通路出入口には通行人監視用の窓が戦時中に作られたと聞くが、暗い時代のイメージが蘇るな」

歴女さん「その監視用窓は今もあるわ。福岡県の炭鉱に連行された朝鮮の労働者が脱出し乗船しないように憲兵隊が監視していたの。九州の炭鉱では朝鮮人強制連行が全国で最も多く、坑内事故死なども数多くあり、過酷な重労働を強いられたというわ。不幸な歴史も恒久的に伝承することは重要なことね」

関門航路の前身は山陽鉄道の門徳航路である。山陽鉄道は鉄道経営や海運業に先進的な会社であった。明治三十（一八九七）年九月、鉄道が神戸より徳山まで伸線されたことに伴い、大阪商船が徳山―門司間直行便を開設したが、翌三十一年九月に山陽鉄道が「山陽汽船商社」を設立し、門司－徳山間の門徳航路を開業した。「春日丸」、「幸明丸」、「第二平安丸」の小型船（それぞれ約三〇〇トン）三隻を傭船して運行を始め、同年十月三日以降は途中、赤間関にも寄港した。

明治三十二年八月に「春日丸」を除く二隻の傭船を廃止して、新造小型船「豊浦丸（三二三トン）」と「馬関丸（三二一トン）」が就航している。夏目漱石も熊本から帰郷する時、門司港から徳山までこの航路に乗船している。

その後の明治三十四年五月に山陽鉄道は馬関停車場まで伸線されたため、馬関－門司間の関門航路に変更された。初期の関門連絡船である「大瀬戸丸」と「下関丸」はさらに小型船で、共に一八八トン、定員三三五名であったが、航行距離が短く運行回数を約一時間に一本に増やせたことも、小型船にした理由であろう。

開業より一年後の明治三十五年に馬関停車場は下関駅と改称された。さらに明治三十九年十二月に関門航路は国鉄に引き継がれ、両船とも国鉄に転籍した。林芙美子は十歳までに海峡を度々往復しているが、その時乗船した連絡船は「大瀬戸丸」と「下関丸」が該当する。だが、彼女は唐戸渡しの船に乗ることが多かっただろう。

山陽汽船商社は関釜連絡船や岡山－高松間航路、尾道－多度津間航路、宮島航路を造った会社でもある。明治四十三年六月十二日、国鉄宇野線が完成して宇高連絡船が運航したため、岡山－高松間、及び尾道－多度津間は廃止された。

大正三（一九一四）年には「門司丸（二五六トン）」と「二代目下関丸（五二八トン）」が就航した。開業初期の「大瀬戸丸」と「下関丸」は国鉄の宮島航路に転属して、初代の「弥山丸《みせんまる》」及び「七浦丸《ななうらまる》」と改称している。

「門司丸」、「二代目下関丸」に加えて、大正九（一九二〇）年九月七日に「豊山丸《ほうざんまる》（四一〇トン）」と「長水丸《ちょうすいまる》（四一〇トン）」が就航し、「長水丸」は昭和三十九年十月一日に航路が廃止されるまで運行された。「門司丸」は旅客定員六九一名（一等二十名、二等一八六名、三等四八五名）であったが、昭和五年十月に播磨造船所（現・ＩＨＩ）で大改装されて、全て三等となり、旅客定員は一一九五名になった。「二代目下関丸」は旅客定員九九六名、「豊山丸」、「長水丸」は旅客定員七四九名（一等五名、三等七四四名）であった。

「豊山丸」、「長水丸」の船名は、海峡を挟む「豊前の国、長門の国」と自然の風物「山水」を組み合わせて決められたという。

なお、関門連絡船の一等切符は大正八年八月二十日に廃止、二等切符は大正十年一月十一日に廃止され、三等切符のみ販売されることになった。

連絡船には様々な人が乗船した。不安の中にも夢を抱きながら大陸や東京を目指す若者、ボストンバッグを右手に喜びや悲しみを左手に携えて帰郷する夫婦、夜行列車の長旅で疲れ切った老人や子供たちも黙々と海峡を渡ったであろう。船内は人生模様の縮図があったに違いない。

佐藤栄作元総理は門鉄局に在籍して清見の官舎に住んでいたが、独身時代の週末は、いつも山口県田布施の実家に帰省していた。その往復で連絡船に乗船していたが、門鉄局下関運輸事務所勤務のころも門司港より毎日乗船し通勤したであろう。

関門鉄道トンネルが開通し戦争も終わったが、昭和三十三年に関門国道トンネルが開通するまでは、連絡船もローカル交通機関としてそれなりに活躍していた。しかし国道トンネルが開通し、特急バスが運行を始めてから、利用客は減少の一途をたどった。昭和三十八年度には六千三百万円の赤字となり、昭和三十九年十月三十一日、六十三年の歴史に幕を閉じた。

戦争の記憶も薄れ、何もなかったかのように平和になった連絡船の波止場にも、三橋美智也の歌が流れていた。

《思い出したんだとさ　逢いたくなったんだとさ　いくらすれても女はおんな
　男心にゃ分かるもんかと　沖の煙りを見ながら　ああ　あの娘が泣いてる波止場》（作詞・高野公男）

海峡から鉄道連絡船が消えて、もう半世紀になる。連絡船の船歴は複雑であるが、その略歴は次のとおりである。

大瀬戸丸――明治三十四年就航、大正九年宮島航路転属、（初代）「弥山丸」と改名、昭和三十一年引退。

下関丸（初代）――明治三十四年就航、大正九年宮島航路転属、「七浦丸」と改名、昭和三十年引退。

門司丸――大正三年就航、昭和五年大改造、昭和二十年六月、関門海峡機雷封鎖のため仙崎港で関釜連絡船「興安丸」の乗客送迎船になる。同年九月、仙崎港で係留中に暴風に押し流され座礁、昭和二十一年三月引揚げ、同年八月に関門航路に復帰、昭和二十五年運行終了。

豊山丸――大正九年就航、昭和十八年九月、風水害で不通となった日豊本線・西大分―佐伯間で臨時運行、昭和二十年九月、同じく不通となった山陽本線・尾道―柳井港間で臨時運行、昭和三十六年運行終了。

長水丸――大正九年就航、昭和二十年九月、「豊山丸」と共に山陽本線・尾道―柳井港間で臨時運行、昭和二十一年に仁堀航路へ転籍、昭和二十六年、関門航路に復帰、昭和三十九年十月運行終了。

下関丸（二代目）――大正十四年就航、昭和二十年、関門海峡機雷封鎖のため博多港で関釜連絡船「金剛丸」の乗客送迎船となる。同年六月十二日、「金剛丸」が玄界島灯台近くで触雷浸水したため旅客を本船に移したが、その直後に触雷沈没した。乗組員三名死亡、二名重傷を負う。昭和二十三年、引揚げ、関門航路に復帰。昭和三十六年運行終了。昭和二十八年六月二十八日の北九州大水害の時、「豊山丸」、「長水丸」、「七浦丸」と共に関門トンネルが復旧する七月十九日まで旅客や物資の輸送で活躍した。

玉川丸――旧海軍魚雷運搬船を改装して大島航路で活躍していたが、昭和三十六年六月に関門航路に移籍した一四七トンのディーゼル船。さらに昭和三十九年末に宮島航路に転籍し、昭和四十年八月運行終了。

それぞれの船の運命は波乱に満ちているが、戦時下の関釜連絡船「崑崙丸《こんろんまる》」が潜水艦に撃沈されたことや、青函連絡船壊滅の悲劇に比べれば、被害は極めて少なかった。

戦時下の機雷攻撃と海峡の悲しみ

関門海峡付近の機雷投下は、昭和二十（一九四五）年三月二十七日夜間にマリアナ基地のアメリカ第三一三航空団Ｂ29部隊所属のＢ29編隊九十四機が飛来し、五六四トン（約千発）にのぼる機雷を落としたことに始まる。さらに敗戦前日まで四十六回続き、四六九六発が投下された。日本に投下された機雷の総数は一万七百発と言われているから、その半数近くが五カ月間で関門海峡に投下されたことになる。

小月の陸軍航空隊戦闘機「屠龍」もB29撃墜に大きな成果をあげられず、海峡の機雷攻撃を妨ぐことはできなかった。対空砲火の弾は一万メートル以上の高空を飛ぶ偵察機に届かず、B29が夜間に雲上からレーダーなど電波兵器により侵入しても、目視確認の砲撃では対応できなかった。

機雷には直径一・八メートルの小さな落下傘がついており、減速降下して着水時の衝撃を緩和していた。MK25磁気機雷が主流で、水圧機雷、音響機雷、及び複合感応機雷があった。感応機雷は家族一家が乗船している木製の機帆船にも起爆した。

昭和二十年四月に編成されたばかりの帝国海軍連合艦隊最後の艦隊である第七艦隊所属の掃海艇による決死の掃海は苦闘し、多くの殉職者を出した。掃海作業は困難を極め、次々に投下される機雷により海峡は完全に封鎖される状況になった。米軍は日本商船の八〇%が通過する関門海峡を集中的な攻撃目標としたが、五〇〇〇トン以上の船舶が一五七隻、一〇〇トン以上五〇〇〇トン未満の船舶が二百隻余り沈没した。触雷した船の多くは潮柱を高く吹き上げ、船体は真っ二つに折れたり粉々になったりして沈んでいった。

海面に浮いた数々の犠牲者の上着には名札が縫い付けられていたが、白布に墨書きだったため海水でにじみ読み取れなかった。そのため、多くの人は身元も分からず、親族とも連絡が取れず、名前も分からず、門司市青浜で火葬された。見知らぬ浜辺で火葬された無念の思いの人々である。その場所は青浜の部埼《へさき》灯台寄りにある採石場近くの浜辺である。青浜は透きとおるように美しい浜であるが、この浜辺にも昭和二十年、やりきれない日々があった。

海峡は源平合戦の舞台でもあり、今でも平家のおたけびが聞こえるという話もあるが、昭和の戦乱でもそれに劣らない悲劇があったのである。

哀れにも二位尼時子が八歳の安徳天皇を抱き「浪の底にも都の候ふぞ」と慰めながら海底に沈んだ場所である。

《今ぞ知る御裳濯川《みもすそがわ》の流れには浪の下にも都ありとは》

『源平盛衰記』によるところの、二位尼の辞世の句である。

13 金子みすゞの悲しみと林芙美子の冒険旅行

私たちは唐戸連絡船で唐戸まで来てしまった。

唐戸市場の近くに亀山八幡宮の石段が見える。この石段左側の駐車場の場所にあった三好写真館は、童謡詩人の巨星・金子みすゞ（本名テル）が自死する前日の昭和五（一九三〇）年三月九日に遺影を撮りに来た写真館である。

彼女は放蕩な夫から当時よい治療薬もない淋病を感染されて苦しんでいたが、その横暴に耐えかね、離婚後に劇薬カルモチンを飲んで自殺した。夕映えの門司港を望む唐戸に佇んだ彼女の脳裏には、気を揉む我が子「ふさえ」さんのことや美しい青海島の思い出が、一頁一頁と潮の流れと共に海峡の彼方に消えていったのではあるまいか。当時、離婚すると子供の親権は父親にあったことも彼女の苦悩を大きくした。その夜、ふうちゃんの寝顔を覗き込んで言った「かわいい顔して寝とるね」が最後の言葉であったと聞く。昭和五年三月十日、二十六歳の短い生涯を閉じた。

弟の雅輔の日記によると、彼女は大正十三（一九二四）年一月十七日、十九歳のころ、海峡を渡り門司に買い物に出かけ「森」で「牧人の嘆き」のレコードを買ったという。森は西本町の門司郵便局あたりに

下関駅に隣接していた名門「山陽ホテル」

あった楽器店である。

　私たちは下関駅に向かうことにした。下関駅に着いた歴女さんが旧駅の写真を眺めながら「海峡に面する細江町の海岸にあった旧下関駅は門司港駅に劣らず立派であったという話もあるでしょう。でも、昭和二十年七月二日の空襲で焼失したから残念だわ」と話しかけた。

　関釜連絡船や関門連絡船で賑わった初代下関停車場は山陽鉄道により明治三十四（一九〇一）年五月二十七日に開業した。だが、関門トンネル開通により昭和十七年十一月十五日に廃止され、三角屋根の新駅が現在の場所に建設された。

　この美しかった旧駅舎は隣接する山陽ホテルと一体的に見ることで一層評価が高まる建物であろう。

　当時、東京、奈良、下関の三カ所のみにあった数少ない国鉄直営ホテルの一つ、山陽ホテルは、欧亜連絡ルートの要にある高級ホテルで、皇族の方々も宿泊された。

このホテルは明治三十五年に造られ、木造二階建であったが、大正十一年に焼失した。大正十三年に鉄筋コンクリート三階建ホテルが再建され、昭和九年十一月、日米野球アメリカ選抜チームの一員として来日したベーブ・ルースはじめ多くの著名人が宿泊した。

門司に縁の深い林芙美子は、欧亜連絡ルートでパリに行った一人である。芙美子の目的は文学上の打開を目指すことであったというが、絵が好きな彼女は、画学生・外山五郎に会う目的も内心あったらしい。

その足取りを推測してみよう。

昭和六年十一月四日、彼女は期待に胸を躍らせながら、『放浪記』の印税を旅費に四個のトランクを持って東京駅を出発した。『巴里日記』には「帰らなければそれでいいのだし、私は巴里で死んでしまった方が幸福なのだといった気持」と書かれている。

九月十八日、瀋陽郊外の柳条湖で南満州鉄道線路が爆破された。この柳条湖事件に端を発する満州事変勃発後の女一人での厳冬のシベリア横断は、無謀だと誰もが思う。送別会の席で菊池寛もなだめている。

フランス出発の前日である昭和六年十一月八日に、親しい付き合いであった旧門司一丁目の井上家に宿泊し、翌九日夕刻、井上一家の見送りを受けて関釜連絡船夜行便で下関を出発する。見送りの中には、門司中学四年生の井上貞邦もいた（井上貞邦については㉑項参照）。

その後の旅程は、釜山―京城（京釜線十日）、京城―新義州（京義線十一日）、安東―奉天を経て長春（南満州鉄道十二日）、長春―ハルビン（ロシア管理の東清鉄道十三日）、ハルビン―満州里（東清鉄道十四日）、ここよりシベリア鉄道でモスコーに十一月二十日到着、寒いモスコーでは広田弘毅大使宛の外交書類を託されていた。二十一日ポーランドのストロブツエタ到着、二十二日ベルリン到着、憧れの都、花のパリに十一月二十三日六時四十三分到着した。

「当時のパスポートによると身長一四三センチの小柄な二十七歳の女性であったというが、ロシア語ばかりのモスコー駅で、パリ行き国際列車に無事乗れたのだろうか、心配になってくるね」と鉄男君が感心した。

日中の戦乱に奔走された溥儀と薄幸な妻の婉容《えんよう》が日本軍の手で天津の租界地から満州に脱出した時期であり、満州に弾丸が飛び交う中での旅行である。幾日も幾日も車窓からシベリアの大地を眺めていると、感傷的になり涙を流した。列車ボーイやホテルの女中にはきめ細かくチップを渡す気配りであったが、ポーランドの駅では赤帽にポーランド銀貨を奪われている。

彼女を見習えば旅の怖さや不安は吹っ飛んでしまうが、後に報道班員として活躍する戦乱の中国や南方での壮絶な体験に比べれば、パリへの全行程一万三六四五キロの旅行は、彼女にとって何でもない出来事であった。

昭和十二年十二月、東京日日新聞特派員として、日本軍に対する期待と感激をもって南京陥落直後の南京に行くこととなる。さらに日本軍の勇ましい従軍記者の一員として漢口一番乗りを果たし、昭和十七年には仏印、ボルネオ、ジャカルタから、軍歌「空の神兵」で有名なパレンバンなどの戦場取材で活躍した。しかし戦場には勝ちも負けもない、あるのは目を覆う残酷な地獄だけだと痛感した旅であり、非戦の大切さを肝に銘じることになった。

鉄男君が「林芙美子は幼いころからずいぶん多くの鉄道に乗車しているし、関門連絡船にも度々乗船しているね。内心、鉄道ファンだったかもね」

「汽車の窓から外を眺めていると、彼女の記憶にある辛いことや哀しいことも、そして思い出の男たちの顔も、走馬灯のように流れては消えたと思うわ。旅と恋愛に生きた人だったのね」

芙美子が旅行した昭和六年当時、欧亜連絡ルートの特急はまだ運行されておらず、苦労の多い旅路であった。朝鮮特急「あかつき」は昭和十一年十一月から釜山―京城間の運行を開始し、満鉄特急「あじあ」は昭和九年十一月から大連―新京間の運行を始めた。

誰もがその名を聞いたことがある列車の元祖も大陸を走っていた。急行「はと」は昭和七年より大連―長春間、急行「ひかり」は昭和八年より釜山―奉天間、急行「のぞみ」は昭和八年から釜山―京城間を運行し、翌年奉天まで延長した。急行「あさひ」は昭和十一年から新京―羅津《ラジン》間を運行した。

戦後、九州内の急行として「ひかり」（初期は準急）が復活した。昭和三十三年より日豊本線、豊肥本線、鹿児島本線をループ状に回る路線を走り、門司港駅始発の時期もあったが、昭和三十七年、新幹線に車名を譲り「にちりん」「くさせんり」となった。

14 海峡の町にも謎の花街があった

門司の町にも大きな花街があったが、当時の華やいだ痕跡はほとんど残っておらず、狐につままれたような話である。

江戸時代の田野浦は北前船などの大型船の出入りや、門司名産の櫨《はぜ》の実を買う商人などで賑わっており、新開には数軒の遊女屋があったが、幕末の豊長戦争の煽りを受け焼けてしまった。櫨の実はロウソクの原料である。

明治二十七（一八九四）年ごろになると築港埋立地に遊郭が造られ、立地場所が塩田埋立地であったため「塩竈遊郭」の名が付けられた。その正確な所在地や規模は不明で議論がある。しかし、その問題は次頁の図から解決できると思う。その場所は後の内本町四丁目付近（現在の東本町二丁目と県道261号線の中間点）、図の塀に囲まれた地区で、南北約五〇〇メートル、東西約二〇メートルの長方形敷地の中に六棟の建物があったことがうかがえる。

馬場遊郭の開業は明治二十八年であるが、塩竈遊郭が改称されてできたと思われ、塩竈遊郭と呼ばれた時期は一年足らずであった。当時、制定されたばかりの地名である門司馬場に合わせて馬場遊郭になったことになる。この場所は塩田埋立て後、急速に発展した場所であるが、塩浜埋立て工事完成は明治三十年であるから、工事完成を待たず、最初にできた建物が遊郭であったということになり、全く驚く。

開業当初の客は道路も電車もない砂漠のような埋立地を、月明かりを頼りに塩竈遊郭を目指し人力車を走らせたことであろう。

――月の砂漠を　はるうばると　塩竈遊女　追いかけて　金や銀など剝ぎ取られ――

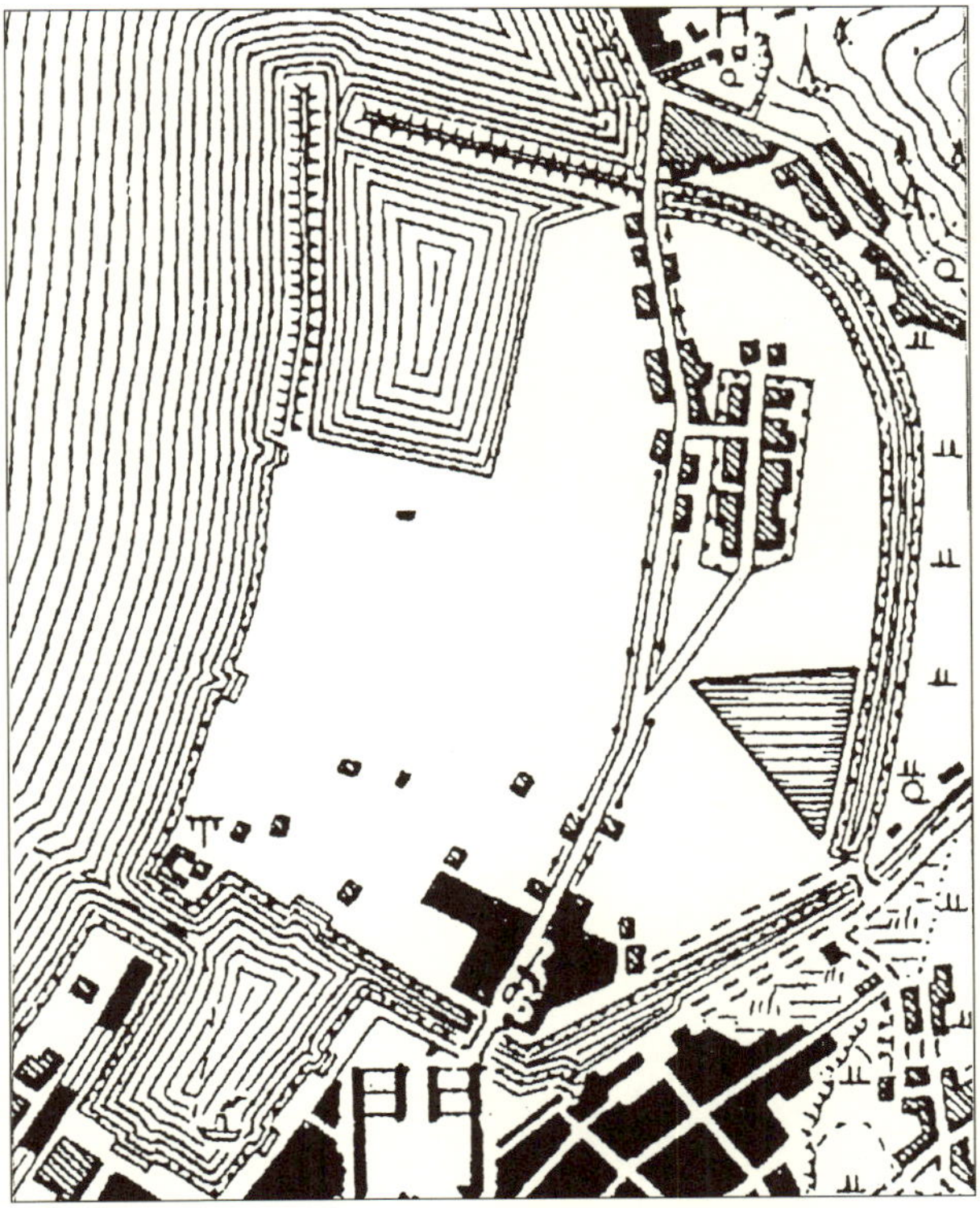

右側の塀に囲まれた建物は、塩竈遊郭が馬場遊郭に改称されたものと想像される（国土地理院発行地形図「赤間関」明治30年）

しかし、大正時代に入ると内本町は小倉や下関からも若い人が集まる一大繁華街となり、遊郭は内本町の突き当り奥である五丁目付近まで拡張したと推定される。

当時の写真を見ると中央には道路があり、その入口には立派な装飾門がある。江戸吉原のような遊郭で門司繁栄の一翼であったことが想像されるが、その手掛りは写真や新聞記事以外に見当たらない。

華やいだ馬場遊郭の光景

歴女さん「どんな雰囲気の町だったのでしょう。きっと人力車が行き交い、成金の旦那衆と哀しい女性の世界があったのでしょう。馬場遊郭には常盤楼、明月楼、一福楼など十五軒ほど遊郭があったと聞くけど、映画で見た土佐の高知の陽暉楼のような怖い場所だったのかしら。きっと、大正時代の不況や農家の口減らしなどで各地から見知らぬ門司の町へ来た女性も多かったでしょう。昭和三年八月の『門司新報』によると、馬場遊郭の娼婦は百五十人、門司の水商売女性は約千二百人いたというから、当時の賑わいは大変だったのね」

門司第二の遊郭は何処にあるのだろう。門司港案内パンフレットには錦町あたりに特殊飲食店があったことが書かれていた。特殊飲食店とは蛇の蒲焼やサソリの唐揚げを食べさせる店ではなく、遊女屋のことである。

錦町の花街である「新町遊郭」は目立たないように路地裏に造られていた。最近取り壊されたという銭湯「旭湯」の奥にある路地を錦町調剤薬局方向に向かった所にある。好奇心をそそられる裏道を入った所で、戦後の赤線で賑わった場所である。

現在も当時の名残を残す建物がいくつかあり、旧・幸町に面した木造三階建ての建物や遊郭の間取りを残す民家が往時を偲ばせる。学術上、評価できる建物ではないと思うが、老朽化して滅び去ろうとしている昭和門司の貴重な原風景がこの付近にはまだある。馬場遊郭と対照的に人目を避けてこっそり訪れる客の姿が想像される。この路地にも、数多くの愛憎物語があったことであろう。

大里にも遊郭はあったのだろうか。

江戸時代、祇園様と言われた祇園社（現・八坂神社）や大里宿本陣があった東八坂町付近は賑わっていたが、幕末の戦禍で焼き尽くされた。その後、近くに九州鉄道大里駅が建設され、鈴木商店の工場群もできて活況を取り戻し、昭和初期の「門司新報」元旦版には、大里町券番芸妓一同の新年挨拶広告が出ている。昭和八（一九三三）年の門司市の業態は大里町券番の芸妓数四十五人となっており、一五〇人もの芸者や酌婦がいたという話もあるが、遊郭の話は聞かない。正確なことを知る長老はもういないのだろうか。

ところで海峡を挟んだ壇ノ浦には格式の高い遊郭と言われた稲荷町遊郭があった。この遊郭は明治三十四年に山陽鉄道が開業すると、下関駅周辺に中心が移り活況を失い、昭和二十年の戦災で焼失してしまった。末広稲荷神社がその面影をわずかに物語っている。壇ノ浦合戦で平家女官の戦死者は少なかったというが、生き延びた女官が身を落として遊女になったのが、ここの始まりと言われている。

江戸時代になると、江戸の吉原や京の島原に続くほど繁盛した時期もあったらしく、天和二（一九六二）年刊の『好色一代男』（井原西鶴著）や文化二（一八〇五）年刊の『長崎行役日記』（長久保赤水著）に稲荷町遊郭が見える。吉原や島原よりも格式は高く、遊女は客より上席に座ったという。大坂屋という遊女屋が有名であったが、赤水は「……その中に歌舞伎する茶屋三軒あり、……その夜、幸いに大坂屋に興行あり、舞台は江戸の湯島芝居より広し、装束はさかい町にも劣らず……」と書いている。

幕末には坂本竜馬も稲荷町遊郭で遊んだというが、彼も物好きな男である。また、高杉晋作も稲荷町遊郭の堺屋で芸者此の糸（本名おうの）と出会う。高杉はいつもおうのを同伴し、彼女は高杉が二十七歳の若さで病死するまで看護を尽くした。

伊藤博文や山縣有朋など長州藩の志士も稲荷町に押しかけていたが、吉田松陰の修身教育に手落ちはなかったのだろうか。

赤間神宮の先帝祭は安徳天皇を弔う祭礼である。その上臈《じょうろう》道中は稲荷町の太夫たちが八文字を踏みながら参列していたという。きっと華やかな参拝行列であったことだろう。上臈とは上級の女官のことであり、稲荷町の地名は昭和三十一年に赤間町へ変わっている。セピア色の海峡は至る所、哀しい女の物語がある。

15 関門は龍馬・お龍と武蔵・小次郎の残影海峡

私は歴女さん鉄男君と、夕日で金波銀波が美しい海峡を門司へ戻ることにした。仙崎から下関を目指す小舟に乗った金子みすゞの姿が、波の間に間に浮かんでは消える。海峡の細波は時を刻むように流れていく。戦前の門司港は月に数百隻もの定期客船や貨物船が、大連、上海、青島、仏印などアジアの各方面や、ロンドン、ハンブルグなど欧州、そしてアフリカ、豪州にも出港する大国際港であった。昭和初期には日本郵船、大阪商船はじめ多くの船会社の定期船が数十ほど寄港した。税関記録によると、大正十五（一九一六）年に寄港した外国貿易の船舶数は全国一で年間四九七四隻であったが、今はその当時の賑わいを忘れたように淡々と潮が流れる海である。

右手には武蔵・小次郎の巌流島が見える。次頁の図のとおり、島は大正時代の末期に埋立てが進み、約二万平方メートルの小島が約一〇万平方メートルに拡張され、五倍になっている。船着場近くの雑木林と祠がある部分がシーボルトの『江戸参府紀行』にも記述されている古来の舟嶋の部分である。巌流島の決闘は映画のシーンとは違い、きっと手狭な砂浜で行われたであろう。

決闘後、武蔵は門司城にかくまわれていたことや、小次郎が武蔵の弟子により殺害されたという新しい

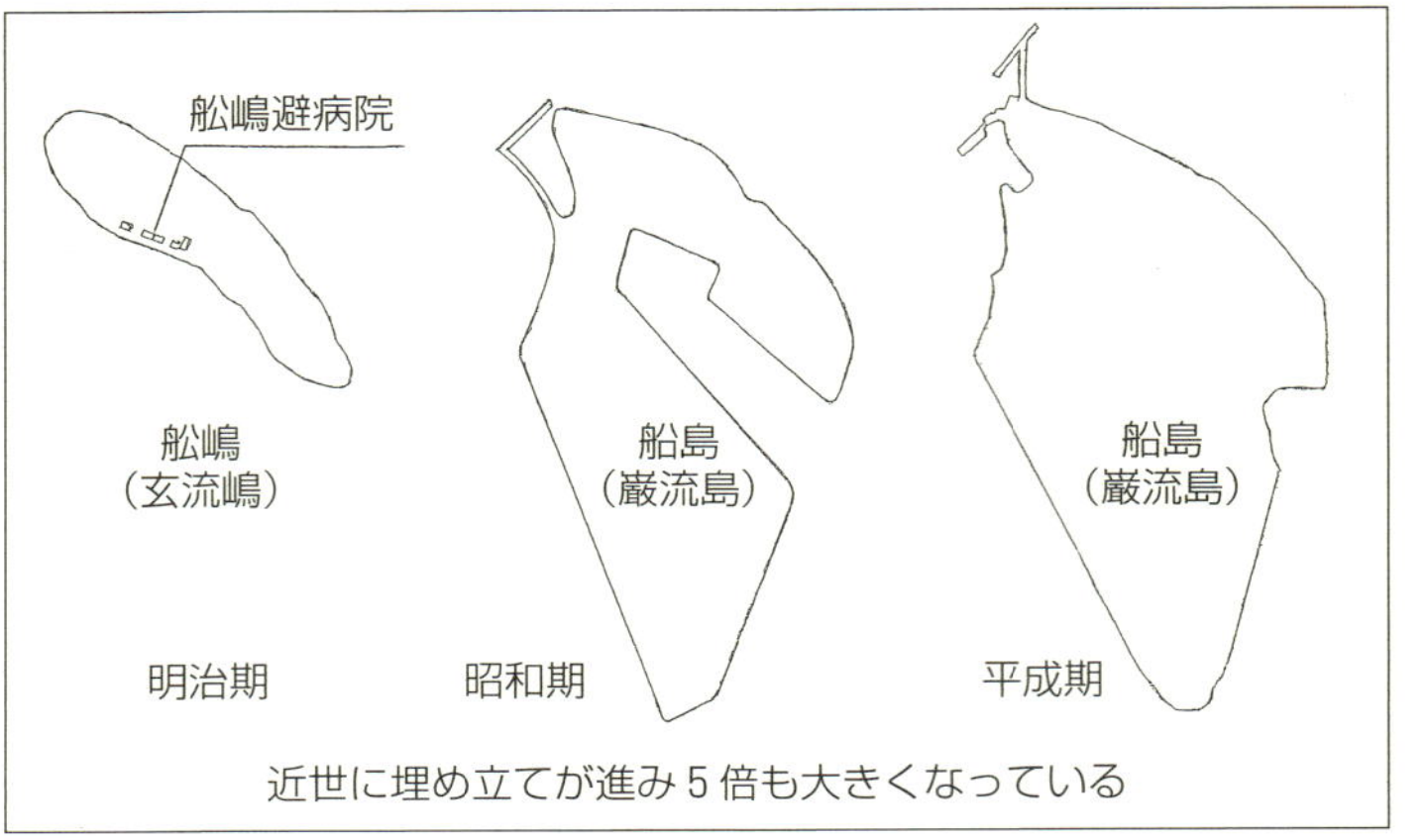

巌流島の時代変遷

史実が次の記事から推察できる。

細川護熙元首相の先祖である細川忠興が小倉藩主だった時に巌流島の決闘が行われているが、細川元首相が書かれていた日本経済新聞の「私の履歴書」によると、「吉川英治さんの小説では、佐々木小次郎は宮本武蔵の櫂《かい》を削って作った木刀で撃たれて絶命するのだが、門司城代で、その後、武蔵を城内にかくまった沼田延元の記録によると、武蔵に打たれた小次郎は、おそらく脳震盪を起こして気を失うが、しばらくして蘇生する。師匠の果たし合いの現場を見にやってきた武蔵の弟子たちがそれを見てこれは大変だと止めを刺したということが書かれている。武蔵に関する記録は細川家に伝わるものが唯一の公文書だから、こうなると話がだいぶん変わってくる」と記述されている。この話は『沼田家記』によるが、延元が小倉藩指南役・小次郎の敵である武蔵をかくまった背景には、勢力を増す佐々木一族に対する細川家の陰謀説など諸説がある。

坂本龍馬とお龍さんも、この砂浜で青春の思い出がある。「長州の長府にいたころ、近くに仇討ちで名高い巌流島があり皆と行ったが桜の花が綺麗でした。そこである晩、龍馬と二人で小舟を漕ぎだし巌流島に行き花火を揚げました」とお龍さんは語っている。満天星の輝く海峡で、二人の間には心地よい微風が吹き抜けていただろう。

歴女さん曰く「交通も不便で身辺も危険な時代に、坂本龍馬夫妻の行動力にはたまげてしまうわ。でも当時は雑木林だけの小さな島に二度も足を運ぶなんて、気がしれないわ。長府の町の方が素敵だったと思うけど」

島の所有者は下関市と民間某社らしいが、領有権は北九州市にあるかもしれない。「巌流島、彦島は小倉藩の所有で、下関市豊前田は豊前の人々が開墾した。その後、小倉藩は長州藩所有の和布刈と彦島を交換した」との古老の話もあるが。正保国絵図（一六四七年）を見ると、ヒク島（彦島のこと）は長門領となっているが、舟嶋は武蔵・小次郎の決闘が行われた慶長年間（一五九六－一六一四年）は豊前小倉藩領である。彦島沖にある巌流島を長州にいつ譲ったかは分からないので、北九州市と下関市は春帆楼で領土問題交渉を開催してはどうだろう。

島はよく整備されており立派なトイレなどもあるが、休息施設が見当たらないのが寂しい。

鉄男君「『毛利家乗（㉘項参照）』に基づき、島の南端に与治兵衛瀬の岩場を再建し、太閤秀吉公が褌姿で岩にしがみつき助けを呼ぶ様子の像を建てれば、人気スポットになるかもね」

歴女さん「関門だこのタコ焼きを巌流島の名物にして欲しいわ。iＰｏｄでシャンソンでも聞きながらカフェオーレを飲みタコ焼きを食べれば、心は海のシャンゼリゼになるわよ」

「そういえば、この島でプロレスの試合を行ったと聞いているけど、剣道やボクシングの試合会場を造ったら」

二人の勝手な呟きが聞こえた。

16 門司港駅前は一大国際港、門司繁栄の名残

関門連絡船で門司港方面を目指すと、日本郵船ビル、その隣には大阪商船ビルが見えてくる。

日本郵船は明治二十五（一八九二）年に門司出張所を開設し、明治三十五年に門司支店となった。門司港駅前正面に建つ郵船ビルは、昭和二（一九二七）年に建てられた四階建てのアメリカ式オフィスビルで、設計は八島知、施工は大林組、時代を先取りする意欲に満ちた建物である。当時まだ珍しかったエレベーターや暖房設備を備えた最新式ビルで、アールデコ風のデザインを基調とした階段手摺りやモザイクタイルの床、エレベータのデザインに往時の風格を残している。アールデコは十九世紀、欧米で流行したデザインで、アールヌーボーのしなやかな曲線や曲面の装飾様式とは対照的に、基本形の反復、同心円、ジグザグの幾何学的なデザインを基調とした様式。このビルが建設される以前の日本郵船門司支店は東海岸通りの祝町にあった。現在の東港町のレトロひまわり館あたりである。

大阪商船ビルは大正六（一九一七）年に建設されたエキゾチックで美しいビルで、タイル仕上げでオレンジ色に白色帯が入ったデザインの外観と、八角形の塔屋が印象的である。現在、一階は殺風景な空室になっているが、当時は待合室で一等、二等、三等に区分されていたというから、あまり好ましい雰囲気で

日本郵船ビル

はなかったかもしれない。二階はオフィス、支店長室、電信室などがあった。塔屋は高さ八十四尺（約二七メートル）あり、当時関門一番の高い塔で、夜間は数多くの電燈を灯し、灯台の役割をしたという。

この建物を背後から見ると、白色のモルタル外壁で、気取った淑女のような気品がある。空襲で焼失した屋根窓やパラペットなどの復旧工事は難題であったが、平成六（一九九四）年に完成し、平成十一年に国の登録有形文化財に指定されている。戦前の門司港は大連、上海、基隆、仏印、欧州などへ月に六十隻もの客船が出航していたのであるが、きっとこの待合室も期待と不安に駆られながら旅立つ人々の話し声で賑わっていただろう。大阪商船ビルはドイツ、オーストリアで広まったゼツェシオンの影響を受けていると言われ、工学博士・河合幾次の設計である。

鉄男君「ゼツェシオンは歴女さんのように甘い香りのお花だったのかな」

歴女さん「分離派のことよ。十九世紀末にドイツとオーストリアで起きた芸術革新運動で、過去の芸術様式から分離して新しい芸術の創造を目指したの。私のように官能的な雰囲気もあったのよ」

東側には旧・門司三井倶楽部がある。大正十年七月、三井物産の社交倶楽部として門司市谷町に建設され、平成六年に現在の場所に移築された。建物面積一八八八平方メートルの木造二階建てで、設計者は直方出身の松田昌平（一八

大阪商船ビル

八九－一九七六年）である。その建築方法はハーフ・ティンバーと呼ばれるイギリスなど西欧で始まった工法を採用し、外観には高原のロッジを思わせる雰囲気がある。一階の外壁は煉瓦や石積を用い、二階は塗り壁に木の柱や梁などティンバーを外に見せる造りで、日本では大正期に流行したが、近年でも見られる様式だ。

建設翌年の大正十一年十二月二十九日にノーベル賞受賞物理学者アルバート・アインシュタイン夫妻が宿泊した話は有名であるが、その部屋も当時のままに保存されている。彼は出版社「改造社」に招かれて

門司三井倶楽部

訪日した。その目的は日本各地で講演することで、同年十一月にマルセイユ港を出発、日本郵船の「北野丸」で来日した。当時この建物は錦町の坂道を田野浦方面に向かう谷町にあったから、博士夫妻も寒い北風が吹き抜ける桟橋通りを人力車で駆け抜けたであろう。

「彼が三井倶楽部に宿泊したことよりも大切なことは、彼の発想だ。量子力学や相対性理論は常識的な見方では理解が困難であるが、何事も常識を超えたオリジナルな発想が重要である」と鉄男君が言ったところ、三井倶楽部に飾ってあるアインシュタインの写真が長い舌を出した。

この建物は昭和二十四年、GHQによる財閥解体に基づき国鉄の所有となった。名称も門鉄会館に変わり、国鉄職員の厚生施設として利用されていた。一階にあった大食堂は、現在、和洋レストラン「三井倶楽部」に改装されている。

「このレストランには門司港名物の『焼きカレ

旧門司税関

昭和２（1927）年９月に完成した３代目門司税関（港湾合同庁舎）。なお、昭和54年５月に４代目の庁舎に建て替えられた

ー』もメニューにあるの。先輩がいないうちに、鉄男さん、二人きりで食べましょう」

「カレイは煮付けか唐揚げの方がいいな」とぼやきながら、二人は「三井倶楽部」に消えていった。

人気の「焼きカレー」は栄町商店街のお店が発祥の地で、干しうどんを使う小倉の「焼うどん」は鳥町食堂街のお店が最初である。B級グルメカレーのナンバー1は「よこすか海軍カレー」で、「鳥取カレー」「札幌スープカレー」も話題であるが、焼きカレーの店も各地に増えているようだ。

門司港ホテルの北に旧・門司税関が見える。この建物は明治四十五年に建設された二代目の門司税関である。大蔵省臨時建築部・咲寿栄一《さくじゅ》（一八八五―一九一四年）の設計で、明治期の洋館建築様式を留める建物である。

昭和十一年に民間に払い下げられ倉庫として利用されていたが、屋根が空襲で焼け落ちたこともあり、文化財としての評価も地に落ちていた。しかし解体寸前の平成二年、市の関係者の努力で北九州市の所有となり、門司港レトロ事業でリニューアルされた。

門司税関の始まりは、明治十八年五月の長崎税関門司出張所であるが、門司港築港以前のことで、建物の詳細は不明である。記録に残る初代の建物は、明治二十八年三月に新築された木造瓦葺二階建てで、一〇一坪あった。明治四十二年、長崎税関門司支署が独立して門司税関となった経過がある。

17 佐藤元総理も歩いた門司港を見下ろす鉄道院坂

赤煉瓦の九州鉄道本社と料亭三宜楼

国道三号線を桟橋通り交差点から広石方向に向かおう。

冬の冷たい北風が頬を走る。車が通り過ぎるだけで人通りはない。

――清滝の坂道は九軌の電車がグィーングィーンと電気バリカンのような音を立て、ゆっくりと登った頑張り坂だった。

清滝の坂道は佐藤栄作や出光佐三も大正昭和を一歩ずつ噛み締めて歩んだ出世坂だった。

清滝の坂道は大宰府を目指す万葉の防人たちが黙々と歩いた山陽道の苦悩坂でもあった――

すぐ右手の赤煉瓦造り二階建ての建物は、九州鉄道（現・JR九州）本社であった。九州鉄道は明治二十一（一八八八）年八月に博多に設立され、明治二十四年一月に本社を門司に移した。この建物は門司港地区では最も古い洋風建築である。

九州鉄道本社が博多から門司の赤煉瓦建物に移転した明治二十四年七月に、鹿児島本線の一部となる八

旧・九州鉄道本社。建物の前の空き地は国道の拡張でなくなった

代線の門司－熊本間路線が完成し、明治三十年四月には門司－小倉間が複線化されている。

鉄道国有法により明治四十年七月に九州鉄道は国有化され、九州帝国鉄道管理局が発足し、明治四十一年の鉄道院設置により九州鉄道管理局となる。さらに、大正八（一九一九）年五月一日、門司鉄道管理局に改められた。昭和六十（一九八五）年には九州総局となるが、昭和六十二年四月一日、再び民営化され九州旅客鉄道となり、本社も九州鉄道設立時と同じ博多に移転した。

現在では、この赤煉瓦建物の価値は鉄道ファンならずとも容易に理解できる。しかし昭和二十八年に門司港駅に隣接する旧・三井物産ビルに門鉄局の主体が移った後は、建物の評価も低く、いつ取り壊されるかと思っていた。だが昭和六十二年四月以降、国鉄清算事業団九州支社が入居し、幸運にも生き延びることができた。

平成十五（二〇〇三）年八月に九州鉄道記念館として大改装され、建設当時の立派な外観に戻ったが、建物の前を通る国道3号線の幅員拡張により、駐車スペースとして利用されていた前庭がなくなったことは少々残念である。

この赤煉瓦造りの建物に若き時代の佐藤栄作元総理も勤めていた。大正十三年に東京大学を卒業後、鉄道省に入省し、山口県の実家に近い門司鉄道局庶務課文書科に配属された。彼の社会人としての第一歩は、清見の鉄道官舎で独身者三人による共同生活から始まった。

鉄道省では文官高等試験合格者でも改札係、車掌、機関車の釜焚きから務めることになっていたが、彼は車掌見習、大里機関区事務員、門司運輸事務所、小倉工場、二日市駅長、下関運輸事務所営業主任を経て、昭和六年四月、鳥栖運輸事務所長となり、さらに昭和九年八月十四日、在外研究員として門司を離れサンフランシスコへ出発した。

まだ安月給のころ、局長にお供して出入した料亭で、色黒の彼は二百人ほどもいた門司の芸者衆から「黒砂糖」と呼ばれ、かわいがられていたという。九年余りも勤務した門司鉄道局で、大陸へ南方へと向かう人々の流れを見ていた黒砂糖の目に、暗雲立ち込める当時の日本はどう映ったのであろう。昭和金融恐慌が押し寄せた時期でもあり、昭和七年の国際連盟総会では満州問題が討議されたが、日本に不利な決議がなされ、松岡洋右外相が流暢な英語で華やかに国際連盟を脱退した時期である。松岡洋右は佐藤元総理の妻である寛子の伯父であったが、寛子が松岡洋右に門司から中央への転勤を依頼したところ、佐藤栄作は烈火の如く怒ったというが、鉄道省入省に際して洋右の働き掛けがあったことに負い目を感じていたのだろう。

《ぱぴぷぺ　ぱぴぷぺ　ぱぴぷぺぽ
うちの女房にゃヒゲがある》

（作詞・星野貞志）

――ヒゲの男は松岡さんヨ……栄作――

歴女さん「栄作さんは若きころ、清見の鉄道官舎の自宅からどのように通勤したのかしら。錦町通りの坂道を徒歩通勤したのかしら。清滝の料亭や内本町の繁華街を歩いたことを想像すると、頑固で短気な総理にも親しみと身近さを感じるわ。社会人として出発の九年余りを全盛時の門司で過ごしたのだから、政治家になってもきっと門司港駅のことや芸者の笑顔を懐かしく思い出していたでしょうね」

鉄男君「彼は新婚当初、谷町の官舎に移っていたが、清見に戻ってからは鉄道局の公用車を仲間と相乗りして通勤していたんだ。たまには日ノ出町九丁目から門築電車を利用したかもしれないし、昭和五年には銀バスも田野浦まで運行しているから、通勤は楽だったと思うよ」

門司は平坦地が少なく地価が高い町であったが、当時、山手側には大手企業の社宅も数多くあった。旧門司には三井銀行社宅、畑田には日本銀行社宅、本村には三菱社宅、清見には鉄道省官舎と第一銀行社宅、谷町には三井物産社宅、錦町小学校に隣接して日本郵船社宅と住友銀行社宅があった。

門司港には料亭も多く、「菊の屋」「金龍亭」「三笠」など高級料亭だけでも十数軒あったが、現存する建物はほとんどなくなった。

高級料亭の中でも関門海峡を一望する清滝の「三宜楼《さんきろう》」は有名で、幸運にも建物は現存している。昭和六年に建てられた木造三階建ての和風建築で、港を見下ろす山側の傾斜地にある石垣の上に建てられているため一層偉容を誇る。現在はビルに港の視界も遮られ、建物の老朽化も進んでいるが、厚志家の寄付などで改修されると聞いている。建物の二階には百畳間と呼ばれる六十四畳の大広間と舞台があり、石炭業、海運業関係者らの宴が数多く開かれた。出光佐三や陸軍上層部、中野真吾など北九州の名士も足を運んだ

今も残る料亭・三宜楼

という。どのような芸者遊びや権謀術数を巡らした密談があったのだろうか。

古川ロッパ（一九〇三－一九六一年）も三宜楼へ泊まった一人である。彼はエノケンと競った昭和前期の代表的な喜劇俳優であるが、彼の日記によると、昭和十四年十二月二十日、十年ぶりに門司を訪れ、友人と共に三宜楼へ泊まり、芸妓のサービスやウイスキーを飲み朝食が美味かったとある。彼が飲む酒は生涯ウイスキーだったという。翌日は懐かしい旧知に会い、子供のころよく行ったマルヤ玩具店に出向いたが、その店はキャメラ材料店になっていたことや、清見の鉄道官舎、小学校に立ち寄ったことが書かれている。

ロッパは、少年期の明治四十四年から大正六年まで門司の鉄道官舎に住んでおり、大正五年に旧制小倉中学に入学したものの、翌年旧制早稲田中学に転校している。なお、旧制門司中学は大正十二年設立である。彼は加藤照磨男爵の六男として東京で生まれ、戦後、NHK連続放送劇「さくらんぼ大将」で国民的な人気コメディアンになったが、晩年は病気がちで不調な生活であった。劇の主題歌「さくらんぼ大将」は童謡歌手・川田孝子が歌った。鐘の鳴る丘の「とんがり帽子」や「里の秋」「みかんの花咲く丘」など、川田三姉妹が歌う童謡に涙する世代は、まだまだ健在である。

「この付近の小路からも、人力車に乗り、気取った成金紳士や有力者が行き交ったセピア色の門司風景が想像されるね」と鉄男君が話した。

清滝の料亭「ひろせ」の美人女将が平成二十三年二月のTV旅番組に出演していた。門司の券番もなくなって久しいが、「ひろせ」は戦後、彼女の母親が苦労して手に入れた料亭で、現在も月に一度博多より芸者を呼んでいるという。常盤津や小唄・長唄などを親しむ人も減り、ゴルフ全盛の時代になったが、レトロ観光で鑑賞コースに組み入れるなどして門司の料亭文化を末永く続けてほしいものである。

《あなたのリードで島田もゆれる　チーク・ダンスのなやましさ
みだれる裾もはずかしうれし　芸者ワルツは思いでワルツ》

（作詞・西條八十）

新聞社と松本清張と門司市役所

清滝の掖済会《えきさいかい》病院の北隣には毎日新聞西部本社があった。その歴史は、大正八（一九一九）年に大阪毎日新聞関門支局として門司市に発足したことに始まる。大正十年、清滝町に三階建てのビルが完成し、大正十一年十一月より「付録・西部毎日」を発行した。

その後、昭和十（一九三五）年に西部総局に昇格し、本紙の印刷を開始した。昭和十五年には西部支社となり、昭和十八年、西部本社と改称された。昭和三十年ごろまで新聞社の屋上には多数の伝書鳩が飼われていたが、ファクスなどが発達してない時代であり、釜山などとの連絡に使われていたのだろう。昭和四十年八月に小倉市に移転した。

戦前、朝日新聞社が門司にあったことも忘れ去られようとしているが、その歴史は古く、明治二十七（一八九四）年、大阪朝日新聞門司支局が開設している。さらに昭和十年一月二十五日に門司支局を九州支社に昇格させて印刷機などの設備も増強し、二月十一日より朝刊夕刊の発行を開始した。社屋は東本町電停の海側正面にあったが、昭和十二年に小倉市砂津に移転し、昭和十五年、西部本社になった。大阪朝日新聞の跡地に戦後、初代の門司労災病院が建った。

昭和四年七月二十四日の大阪朝日新聞の付録「九州朝日」に、林芙美子が出席する講演会開催広告が掲載されている。講演題目は「現代婦人の告白」で、期日は七月二十六日となっている。

松本清張も門司や大阪朝日新聞と縁が深い。清張は幼少期に門司を望む壇ノ浦みもすそ川公園がある場所に住んでいた。海に半分張り出した杭の上にのっかった家であったが、大正二年、道路拡張工事中にダイナマイト爆破作業で火の山の崖が土砂崩れして自宅が全壊、下関市田中町に移っている。さらに大正六年、母親の知り合いを頼って小倉に引っ越した。彼は朝日新聞が小倉に移転予定であるとの記事を読み、門司の大阪朝日新聞九州支社長を訪ねて、昭和十二年一月に版下を描く仕事の契約をもらっている。朝日新聞社は同年小倉に移転し、昭和十四年に清張は朝日新聞の嘱託社員となった。昭和十七年に正式の社員として入社しているが、下積みで苦労した時期であろう。その後、デビュー作「点と線」を昭和三十二年に旅行雑誌「旅」に発表、昭和三十六年に再び「旅」に発表した作品「時間の習俗」は、和布刈神事から書き始めている。

彼は広島で生まれたが、すぐ両親と共に小倉に行ったようで、出生届が小倉に提出されていることもあり、明治四十二年十二月二十一日企救郡板櫃《いたびつ》村（現・小倉北区）で生まれたとも本人が言っている。だが幼いころのことで、生誕地の記憶は定かでなかったのではあるまいか。

明治四十二年二月十二日広島市で生まれ、幼少期より下関で過ごしたという説が正しいらしい。彼は短編小説『父系の指』で「私は広島のK町で生れたと聞かされた。その町がどういう所か知らない。行って見る気もしない。おそらくきたない、ごみごみした所であったろう。私が三つの時、一家は広島からS市に移った。海峡をへだてて九州の山々がすぐ眼の前に見えた。……（中略）……海峡は潮流が渦をまいて流れていた。夜になると対岸の九州の町の灯が硝子の破片《かけら》のように黒い山の裾にきらきら輝いた」と書いている。対岸に輝く門司の夜景を眺めながら暮らした幼いころの記憶や、連絡船で繁栄する門司の桟橋通りを通り抜けたころの記憶を心に秘めていたのであろう。

門司の新聞史は古く、明治二十五年五月には門司の津田維寧《これやす》により、政党色がなく中立の立場を守り経済情報に重点をおいた日刊紙「門司新報」が創刊された。社屋は当初栄町にあったが、明治四十一年に門司市役所庁舎が広石に移転したため、その空家に入居したという。近年まで山城屋があった場所である。門司が繁栄した明治中期から昭和前期の貴重な情報を残したが、朝日新聞や毎日新聞との競合に敗れ、昭和十三年に廃刊となった。同紙は県内においては福岡日日新聞、福陵新報と並ぶ有力紙であった。

明治時代後期から全国に新聞社が乱立し、福岡県内にも多くの新聞社があった。門司でも「関門新報」

昭和5年に建て替えられた門司市役所

（明治三十四年創刊）や「門司日日新聞」（明治三十九年創刊）などの中小の新聞社があったが、詳細は分からない。昭和十七年八月に新聞統制が強化され、各県一紙に制限されたが、福岡県は大陸方面に近いこともあり、朝日、毎日、西日本新聞の三紙になった。西日本新聞は福岡日日新聞と九州日報が統合した新聞社である。

広石が近くなると山手側の高台に門司区役所が見える。広石に移転してから二代目の建物は昭和五年五月に竣工した。タイル張り三階建て鉄筋コンクリート構造で、昭和初期の雰囲気が残る。左右対称の威厳ある外観は、門司の繁栄を物語るようなセピア色のレトロな役所である。設計は九州帝国大学建築課長の倉田謙であり、門司市役所は九州大学工学部本館と酷似した建物と言われているが、彼は九州大学本部や医学部、法文学部などの設計も担当している。

明治二十七年、門司町役場が桟橋通り交差点の南東角に造られた。町役場の二階は小学校の分校として利用されていた。明治三十二年に市制が施行されて門司市となり、市役所は明治四十一年十二月十三日に広石の高台に移転開設した。この役場は木造二階建ての質素な建物であったが、昭和五年に現在の洋式建築へ建て替えられた。

昭和五年五月八日午前十時から新市庁舎落成式が開かれた。『門司市史』によると、新しく制定された市歌を門鉄管弦楽団の演奏で会衆が合唱した後、馬場市長と池垣市議会議長の式辞、有本土木課長の工事報告、来賓祝辞があり、十二時二十分に閉会したとある。緊張感のある当時の世相が伝わってくる。

北九州五市で最初に市制を施行したのが門司市であることからも、門司港地区の活況ぶりがうかがえる。小倉市は明治三十三年、若松市は大正三年、八幡市は大正六年、戸畑市は大正十三年に市制を施行した。

市役所の前を走る九軌の電車は明治四十四年に開通しているが、モダンな建築の市役所を訪れる人々はサンフランシスコのケーブルカーのような木造電車が広石の坂を楽々と登る様子を見て、文明開化を肌で感じたことであろう。

18 大連への旅立ちは西海岸一号上屋から

区役所からは門司税関西海岸一号上屋が眼下に見える。この上屋は大蔵省営繕管財局の設計で、施工は清水組が行い、昭和四（一九二九）年に完成した。一般市民には馴染みの薄い存在であるが、ガラスブロックを多く用いたアールデコ様式のモダンな建物で、門司の貴重な建築遺産である。この上屋は昭和七年十一月に就航した大連航路の発着所となった。二階は待合室になっており、当時は船が上屋の脇に接岸できたため、乗客は二階から直接乗船できた。

当時、この岸壁には大連港に向かう「うらる丸」やリバプール港に向かう「箱根丸」など数多くの客船が連なって停泊し、石炭ボイラーの黒い煙をモクモクと吐きながら出港を待つ雄姿を見ることができた。

待合室には、希望と不安を胸に秘めた人々や、別れを惜しむ恋人たちもいただろう。ドラの音が鳴り響く岸壁では、風にざわめいていた別れのテープも静まり、見送りの歓声も別れの悲しみに変わり、船が港を遠ざかる光景があった。「ボォーン」と響き渡る汽笛を聞きながら、船が彦島に隠れるまで見送っていた。

「勇二郎さん、大連経由で奉天に旅立つのね。会うは別れの始めと言うから仕方ないけど、あなたのこ

門司港岸壁での見送り風景

とは忘れないわ」

「僕の心はいつまでも、いつまでも変わらないよ」

この埠頭上屋にもあった「みかど食堂」で二人は胸の詰まる会話を交わしていた。別れの波止場では瑠璃子が目に涙を潤ませながら赤いハンカチをいつまでも振っていた。

戦争も終わり、大連アカシヤ通りの花も散るころになったが、彼氏も船も戻ってくることはなかった。戦乱はそんな悲しいさだめの女性も多く生んだ。戦後この上屋は米軍に接収された後、返還され港湾倉庫として利用された。

大連航路（大連－門司－神戸）は大阪商船が月間二十五航海の定期船を運航した花形航路である。河川名を付けた貨客船「うらる丸（六三七五トン）」、「うすりい丸（六三八六トン）」）、「黒龍丸（七三六九トン）」、「鴨緑丸《おうりょくまる》（七三六三トン））」と、満州国の省名を付けた「吉林丸《きつりんまる》（六七八四トン））」、

VIEW OF THE REGULAR LINER "USURI-MARU" COMING INTO PORT, DAIREN PIER.
（大連）日満定期船の豪華版　うすりい丸入港當日の盛景

大連港に入港した「うすりい丸」

「熱河丸《ねっかまる》（六七八四トン）」の新鋭船を中心に、他航路より移った「扶桑丸」、「しあとる丸」、「たこま丸」、「すらばや丸」、「もんてびでお丸」、「あるぜんちな丸」、「奉天丸」、「ありぞな丸」などによる十隻体制で運行していた。

しかし、これらの船は数多くの船舶と同様に戦時徴用され、米軍の激しい攻撃にさらされた。昭和十七年七月の「もんてびでお丸」雷撃に始まり、昭和二十年七月までに大連航路の船は全て沈没してしまった。なお、「もんてびでお丸」は豪州軍捕虜や民間人千人以上を船倉に収容して沈没した悲劇の船であり、「あるぜんちな丸」は小型空母「海鷹《かいよう》」に改装された。「熱河丸」は昭和十八年十一月雷撃、「うすりい丸」は昭和十九年六月空爆、「鴨緑丸」は同年十二月空爆、「うらる丸」は同年九月雷撃、「黒龍丸」は同年十月雷撃、「吉林丸」は昭和二十年五月触雷により沈んだ。また、大連航路の貨物船として就航していた「はるびん丸た。

（五一六九トン）」は昭和十七年一月雷撃、「ばいかる丸（五二四三トン）」は昭和二十年五月触雷で沈没した。

大連航路の話ではないが、阿波丸事件を忘れてはならない。

昭和二十年二月十七日午後、門司港を出港した日本郵船の高性能貨客船「阿波丸（一万一二四九トン・最高速力二〇・八ノット）」は、船体の側壁や甲板に大きな「白十字マーク」を付け、連合国の航海安全保障を取得していた。その理由は、次のとおり。

アメリカ潜水艦により撃沈された日本船から救助されたアメリカ人捕虜の話から、日本軍に捕らえられた連合国捕虜は劣悪な食事や医薬品欠乏で悲惨な状態にあることをアメリカは知ることになった。そこでアメリカは日本と交渉し救済策を実施した。当時、中立国であったソ連のナホトカで「白山丸」が連合軍捕虜への救援物資二〇〇〇トンを受け取り、その一部である約八〇〇トンを「阿波丸」が東南アジアの連合軍捕虜収容所へ届けることを条件に、連合軍が航海の安全を保障した。

高雄、香港、サイゴン、シンガポール、スラバヤ、ジャカルタ、ムントクを経て、シンガポール、サイゴンへと航海を終え、門司に四月四日午後到着予定での復路航海中に不運は起きた。四月一日、安全が保障されていたにもかかわらず、台湾海峡で米潜水艦「クイーン・フィッシュ」の過失判断による攻撃で魚雷四発が左舷船橋下と船体中央部に命中して瞬時に沈没した。

船には往路では軍需物資も積載していたが、帰路ではシンガポールで遭難船員を中心に二千余名が乗船し、サイゴンでは引揚者五十名が乗り込んできた。乗客の中には子供も十七人いた。某銀行海外支店長の夫人は船内で出産したが、その子は生後まもなく母と共に死亡した。大変痛ましいことである。

この事件は、乗組員一名が奇跡的に救助されたものの、乗員を含めて二千百三十名が亡くなるという、全く不幸な出来事であった。戦後、アメリカも責任を認めたが、日本政府は占領下の援助と引き換えに賠償請求権を放棄した。

太平洋戦争は海運関係者や乗船客にも多くの犠牲を出した。陸海軍兵士戦死比率は約二〇％であるが、船舶乗員の死亡比率は四三％と凄まじい犠牲であった。

戦時中は二百万人もの兵隊さんが門司港岸壁より激戦の南方や中国に送り出されたが、海には敵潜水艦が待ち受けていた。戦争が激しさを増すと行先も軍事機密となり、静かに出航して行った兵士の半数である約百万人もの方々が帰還できなかった。それらの兵隊さんや船員さんがの足跡が、西海岸一号上屋の床には染み付いている。彼らは妻子や恋人を想い、希望に向かって努力していた人々である。もちろん、この戦争ではアジアの人々も悲惨で残酷な戦争の被害者であったことを忘れてはならない。

門司港は日清戦争、日露戦争、シベリア出兵、上海事変の時にも、小倉第十二師団、歩兵第十四連隊を中心に、多くの兵士が沸き返る歓声に見送られ出陣して行った港でもある。

東堀川町と祝町との角にあった西洋料理店「東洋軒」の音楽隊や、女学校の鼓笛隊が軍隊の歓送に大活躍し、「港門司の華」と持てはやされた。『門司市史』によると「東洋軒の女店員を持って組織された音楽隊の活躍も女子学生の鼓笛隊に比べて劣らないものがあった。昭和十二年七月十八日初の軍隊歓送を行った。音楽隊は二十名の立派なものになり、創立三年の間に出動回数四三七六回、一日平均三回半、多い時には一日二十四回という日もあり、誠に見事な活躍ぶりであった」とある。県立門司高等女学校鼓笛隊と市立門司高等女学校鼓笛隊は昭和十三年六月に設立された。

だが、戦況の悪化とともに門司にも不幸な嵐が訪れた。東洋軒は昭和二十年空襲で焼失し、門司の岸壁には戦死した遺骨を迎える悲しい家族の姿があった。命の価値は地球より重いはずだが、戦時下では木の葉ほどに軽くもなる。

――雪がシトシトと降る冬の夕刻、西海岸通りは兵隊さんが行進する足音と鼓笛隊の演奏が遠くから聞こえてくるらしい。コンコン・チキチキ・トンテンシャン、京祇園祭のお囃子のように――

奇跡的に強運だった船もある。基隆より門司へバナナを運んだ最初の船は「信濃丸」と言われているが、この船は日露戦争の時に仮装巡洋艦として対馬海峡でバルチック艦隊を発見し、日本海海戦で日本海軍に貢献した。また大正二年、孫文が第二革命に敗れ日本に亡命するため基隆から神戸まで乗船したが、彼にとっても幸運の船であっただろう。後に、孫文の思想は中国や台湾の人々に大きな影響を残した。

さらに、第二次大戦中は輸送艦となり「ゲゲゲの鬼太郎」で有名な陸軍兵士・水木しげるさんが乗船していた。戦後は復員船としても活躍し、昭和二十年十二月には戦後の日本文壇を賑わした作家・大岡昇平もフィリピンから帰還時に乗船していた。

《波の背の背に　揺られて揺れて　月の潮路の　かえり船
霞む故国よ　小島の沖じゃ　夢もわびしく　よみがえる》

（作詞・清水みのる）

19 風師・葛葉は白いセメント・黒い石炭

風師山とセメント会社

白木崎から葛葉へ向かうと、左側に風師山《かざしやま》が迫ってくる。この山は九州国定公園の一部で、山頂からは海峡を行き交う船や関門橋などが見渡せ、その景色は一見の価値がある。高尾山や函館山の展望にも負けない絶景である。

風師山の名称は古来よりいくつかある。天保年間（一八三〇－一八四三年）の地誌『太宰管内志』には挿頭花《かざし》の山とあり、明治中期の地誌『大日本地名辞書』には、山の形状がかぶり笠を着た姿に似ているためか笠頭《かさがしら》山と言われていること、また、山頂付近の突き出した岩がカンザシに似ているためか挿頂花《かざし》山とも言われることが記述されている。明治三十（一八九七）年陸軍測量の地図には「風師山（風頭）」となっており、現在の地図表記も同じである。何時ごろより風師山になったのだろうか。

風師バス停の海側にある急坂の下に日本セメント門司工場があった。この工場は明治二十六年に設立された門司で最も古い近代化工場で、浅野総一郎（一八四八－一九三〇年）が、明治十七年に政府より払い

風師山からの眺望。巌流島の形状より昭和初期の写真である

下げを受けた東京・深川のセメント製造所の分工場として、門司に設立した最新鋭工場であった。この場所には明治二十一年七月、大倉喜八郎（一八三七－一九二八年）が設立した日本輸出米会社（通称・門司精米会社）があったが、精米機の馬力が強すぎて粉米が多く出るため、二年間操業を中止していた。そこで浅野総一郎にこの会社が譲渡され、セメント会社が建設された。

開業当時は門司セメント、後に浅野セメント、日本セメント、太平洋セメントと社名が変遷している。工場は閉鎖されたが、メモリアル的な明治中期の資料や遺構はないだろうか。最近ＪＲ電車の窓より工場跡地を見上げたら、バリカンで刈上げた丸坊主頭のようになっており、何も残ってないようだ。

このあたりの家々の屋根瓦は、煤煙で黒ずんだ門司港駅とは対照的に、薄白くなっていた。きっとセメント会社から出る埃であったと思う。

海の吉原・ジャガタラお春

石炭がエネルギーの主役であった昭和三十（一九五五）年ごろまで、葛葉の海岸沿いに国鉄高架線があり、その上に石炭貨車が連なっていた。貨車の上をトラス構造の大きなガントリークレーンが終日唸り声をあげて動いていた。若松港と同様に、ここで石炭貨車から貯炭場へ降ろした石炭をダルマ船に積み込んでいたのであるが、沖に停泊中の汽船への燃料補給は沖仲仕の大変な仕事であった。ガントリークレーンがなかった大正時代は、陸仲仕が貯炭場から岸壁まで石炭を運んでいた。その作業は重労働であったが、陸仲仕の中には頑強な女性もいた。その懐かしい石炭貨車は今も釧路で運行されているらしいが、九州では見かけない。しかし、若松駅にセム１０００、九州鉄道記念館にセラ１２３９が保存されている。

門司貯炭場の歴史は鉄道よりも古く、明治十七（一八八四）年、和布刈の梶ヶ鼻に海軍石炭貯蔵所が設置されたことに始まる。

石炭を満載し瀬戸内海を東に向かうダルマ船も多くあった。帰りは皆、懐に小金を持って帰ってきたと想像されるが、瀬戸内海の湊々には遊女を乗せた小舟「おちょろ舟」が彼らを待ち受けていた。中でも来島海峡近くの大崎下島にある御手洗《みたらい》港は有名だった。

おちょろは女郎がなまった言葉らしい。ガンギと呼ばれた舟小屋から漕ぎ出して、沖を航行する船の船尾に着けて客を呼んだ。ダルマ船で賑わった大正初めの御手洗港では三百人以上のおちょろがいたというが、海の吉原のようであったかもしれない。ちなみに江戸時代の色町番付表では西前頭十一枚目であったというから、大正時代初めは西の小結だったかもしれない。遊女の多くは貧しさから身売りされてきた哀しい女性であった。そんなおちょろもエンジン付きの船が普及すると次第に消えていった。現在は美しい島々が連なるとびしま海道の先に、時が止まったような古い街並みの御手洗港があり、そこは江戸時代から明治にかけての建物が残る風待ち汐潮待ちの湊町である。しかし、期待して行っても、おちょろはもういない。

門司繁栄の陰で耳を疑うような話もある。

海外に人身売買することはジャガタラお春以来、江戸時代から続いたことかもしれないが、急速に発展した門司では保安警備の機能も追いつかず、誘拐されたり騙されたりする女性もいた。満州や朝鮮で一攫千金をつかもうと考え、遠方から門司に集まった女性も少なからずいたが、好奇心や甘い海外での金儲け話に乗せられて貿易船の船底に連れ込まれた。船底では充分な食事も与えられず、強姦や暴行を受けながら釜山、香港、上海などに送られ、さらに南方の国々、シベリア、アフリカにまでも売られて行く女性がいた。

数多くある事例の一つであるが、島原で生まれた村岡伊平治（一八六七－一九四五年）という男は女衒《ぜげん》と呼ばれる遊女斡旋業をしており、明治二十二年から六年間に天草を中心に九州の女三二二二人を天津、上海、フィリピン、ジャワ方面に送っていた。長崎港七八五人、神戸港五〇三人、門司港四七六人、島原半島の口之津港三〇七人などである。彼女たちは訳も分からず船に乗せられ東シナ海の荒海を運ばれたが、帰ることもできない見知らぬ国で降ろされた時、胸中は不安と悲しみでいっぱいだっただろう。港町の哀しい一面である。

現在でも日本は国連により人身取引で低い評価を受けている。
「セピア色をした海峡を出て行く船の中に悲喜交々な男と女の顔が浮かぶわ。なのに潮の流れは何もなかったような顔をして淡々と流れているのね」と歴女さんが呟いた。

《赤い花なら曼珠沙華《まんじゆしやげ》　阿蘭陀《オランダ》屋敷に雨が降る
濡れて泣いてるじゃがたらお春……》

（作詩・梅木三郎）

20 白木崎から小森江は古代史に続く町か

白木崎から小森江にかけての地は、古代史の世界に繋がるかもしれないという話がある。

この地はその昔、神功皇后西進後、三韓の親善使節による貢物の船が着岸したと言われており、研究者によりその場所が次のように特定されているらしい。

新羅《しらぎ》国親善使節の停泊場所であった新羅崎が白木崎になったもので、その場所は旧・日本セメント門司工場あたりの白木崎、新羅町であるという。

同様に、百済《くだら》国親善使節が停泊した百済浜は葛葉、百済町と言われ、片上一丁目の踏切りあたりという。

高麗《こうらい》国親善使節が停泊した高麗泊江《こまとまりえ》は小森江に変化し、その場所は小森江、高麗町で、ニッカウキスキー門司工場あたりであるという話である。

当時の操船技術で早鞆《はやとも》の瀬戸を通過することは難しく、貢物は大里、奥田を経て周防灘に面する大積の浜へ運び、再び船積みして東の海へ輸送したという。

これらは興味を引く話でもある。しかし次のような疑問点も浮かぶ。

①古い門司の地名記録から

神功皇后は神皇元（二〇一）年に新羅遠征に出発している。この話は『日本書紀』や「風土記」（『播磨風土記』、『摂津風土記』、『常陸国風土記』）に見られる。

三韓の使節団が門司に来た話を考えるうえで、当時の門司にどのような地名があったか知ることは重要であろう。

最も古い門司の地名記録は『日本書紀』「巻第十八安閑記」の記述にある豊国の湊崎屯倉《みさきのみやけ》と思われる。安閑天皇は安閑二（五三五）年五月に、豊国《とよのくに》、筑紫国《つくしのくに》、火国《ひのくに》など西日本の豪族拠点や交通の要所に屯倉《みやけ》（貯庫）を置いた。九州北部の屯倉は湊崎《みさき》（門司）、大抜《おおぬく》（企救郡貫《ぬき》）、肝等《かと》（京都郡神田）、桑原（田川郡今任）、我鹿《あか》（田川郡赤）がある。

大化の改新（六四五年）後の律令制下での交通路整備における五畿七道の最重要街道であった山陽道において大化二年に諸国の関宿を定むとあり、関所としての「門司関」（または「文字関」）の名が見られるが、杜崎《もりさき》がこの場所の地名であったと思われる。

門司の名が初めて確認されるのは、山口県美東町《みとうちょう》の長登《ながのぼり》銅山跡で出土した天平年間（七二九－七四九年）の木簡にある「豊前門司」である。また延暦十五（七九六）年の『類聚三代格《るいじゅさんだいきゃく》』に「豊前文字」が出てくる。しかし古代この地に新羅崎、百済浜、高麗泊江に類似する地名が存在したか見出せない。現在の地名は平安末期における門司関六ヶ郷の楠原郷内白木崎、柳郷内小森江に始まったのではあるまいか。

②『三才図会』と『和漢三才図会』の記述

三韓による貢物船の話は『三才図会』によるものとの説もあるが、『三才図会』は中国の明の時代である万暦三十五（一六〇七）年にできた百科事典である。内容は天文、地理、時令、宮室など十四項目が絵入りで説明され、百六巻から成るが、門司浜の伝説が記述されることは考えられない。

一方、中国での発想をもとに聖徳二（一七一二）年、日本で『和漢三才図会』が発行された。その内容は江戸時代の百科事典と言われ、幅広い分野についての記述があり、その中の「巻第八十」には神功皇后、和布刈社、三韓征伐などについての記述が見られるが、白木崎、葛葉、小森江に関しては見出すことができなかった。

③誉田尊《ほむたのみこと》の出生地より推測する

『古事記』、『日本書紀』によると、熊襲を征伐した神功皇后は神託どおりに三韓を討とうとした。その時、皇后は懐胎して産月に当たっていた。そこで皇后は美石を取って腰に挿し、戦が終わって戻ってきた日にこの地で産ませ賜えと祈ったという。十月三日武内宿禰《たけしうちのすくね》および三軍を率いて佐賀県唐津市にある鰐《わに》の浦から出航し新羅に到達した。

三韓とも降伏してしまったので皇后は還幸し、十二月十四日に誉田尊が誕生した。誉田尊は後の応神天皇である。その地は筑前糟屋郡宇美町と推定されるから、貢物船は博多湾や唐津湾などの入江に入港するのが合理的ではあるまいか。

④奥田峠を越え大積より瀬戸内海を奈良方面に向かったと想定した場合

徳川幕府命で正保四（一六四七）年に作成された「正保国絵図」や文久元（一八六一）年作成の「豊前国絵図」から、江戸時代には海峡に面した内裏（後の大里）より奥田峠を越えて伊川、柄杓田天疫《てんえき》神社の坂道を上り、喜多久《きたく》を経由して周防灘に面する大積に繋がる道があったと考えられる。その当時利用度の高かった道を「国絵図」で判読することはできないが、門司から佐夜峠を越えて大積に出る道、大里梅ノ木小路から戸の上山麓沿いに猿喰《さるはみ》・畑方面に出る道、吉志《きし》から山越えし藤松を経て大里小倉へ至る道があったという。しかし奥田越えの道は、明治時代まで道幅は狭く起伏の多い山道で、古代には獣道があったとしても、街道と言えるような道があったはずがないと思う。携帯電話も地図もない時代に輸送路の確保は容易なことではない。大里東口より奥田峠を越えて伊川に至る道路の整備は、大正時代に進められた。

だが、大積には弥生時代の大積浜方遺跡があり、小森江西新町四丁目の大川河口付近に丸山古墳跡が大正四年ごろに発見され、漢式鏡（五獣鏡・東京国立博物館蔵）が出土している。また、大里古墳が明治三十六年、大里製糖所建設中に発見され、四カ所が発掘されている。古代、この地に村落が存在していたことは確認できるが、三韓親善使節との関連は見出せない。

「この話のもとは幕末から明治にかけての尊王思想の高まりの中で書かれた郷土史に基づくものではないかしら。でも、ますます分からなくなったわ」と歴女さんの胸中に謎は深まった。

神功皇后にまつわる話は、古くから関門海峡や北九州の各地に数多く残っている。

『和漢三才図会』に「和布刈社のある企救郡隼部《はやへ》村の本は長門国に属し、神功皇后の三韓征伐ののちに門司・赤間の間が海になった。門司関及び当社は豊前に属し、赤間関は長門に属す。南北海を隔つこと一里」と記載されている。

この話は穴門《あなと》伝説に基づくものと思われる。穴門伝説とは、本州の赤間関と九州の門司関は山で一つに繋がっており、その中には潮が干満により激しく流れている穴洞があったが、皇后軍の御船の通行には狭すぎて難しかったので、神功皇后が一夜で穴戸の山を引き分けて海峡を造り、その山の残土で彦島か六連《むつれ》島《じま》と推測される西の島を造ったという話である。

古城山《こじょうやま》近くの甲宗《こうそう》八幡神社は貞観二（八六〇）年、清和天皇の命により創建され、神功皇后着用の甲《かぶと》が御神体であり、古来、門司六ヶ郷の鎮守的存在である。

また、大里の馬寄《まいそ》という地名は、神功皇后が三韓征伐の際、軍馬を集めたことに由来し、その旅情を慰めるために土地の人たちが太鼓と空樽で拍子をとる勇壮な馬寄踊りをご覧にいれたとの伝説がある。その踊りは時代とともに変化し、江戸時代に歌われた「お殿様船出の歌」に繋がるという。さらに、大里下塚方面（製糖会社付近）の盆踊りに馬寄踊りの面影があったともいう。

長府の忌宮神社の神域にある長府沖の満珠島《まんじゅしま》と、さらに沖にある干珠島《かんじゅしま》は、神功皇后が豊浦の津において霊験あらたかな干珠・満珠の如意珠を得られ、奥津・平津の両島にそれぞれの珠を納めたことによると伝えられている。

やはり、関門は神功皇后伝説の神秘に満ちた海峡である。

三韓征伐については、『古事記』や『日本書紀』などの記述を尊重する考え方や、朝鮮や中国の資料を含めて真偽を推理する考え方、皇国史観に基づく考え方などにより主張が異なる。

また、神功皇后と邪馬台国の卑弥呼は同一人物であり、北九州地方から大和へ移動（東遷）し、大和朝廷になったという説や、神功皇后は山門の卑弥呼を打ち破り「倭王」の称号を獲得したとする説などいくつかの説があり、謎の多い人物である。

時代は三百年以上後になるが、日本最古の仏教寺院である飛鳥寺（五八八年建立）が百済の王興寺の技術者により建てられたことが確かめられており、百済の巨大寺院・弥勒寺と奈良県桜井市の九重の塔がそびえ立つ幻の巨大寺院・百済大寺とが対比されている。また、金属器、陶磁器、漢字、仏教などの文化伝来は勿論のこと、飛鳥京には百済などから駱駝《ラクダ》やオウム、漢方薬などが献上されていた話もあり、活発な文化交流の道筋であった関門海峡は、文明開化ロードの様相が濃い。

21 林芙美子は自分の出生地を知っていたのか

小森江バス停の海側には神鋼メタルプロダクツの工場がある。この場所は意外な場所でもある。

明治三十六（一九〇三）年十二月三十一日に林芙美子はこの地で生まれたという説がある。ただし、誕生日について、芙美子は「私の誕生日は五月五日です」と言っているが、入籍に対して父方の宮田家の反対で戸惑い、母方の林家への入籍が遅れたことなど、複雑な事情が推測される。

「母キクは、小森江にあったブリキ屋の二階の階段から転落して産気づき芙美子が生まれた」との話を、芙美子の父である宮田麻太郎から横内種助が聞いたという話がある。横内は麻太郎が経営する質店「軍人屋」で働いていた男である。この話は昭和四十八年に地元で外科医をしていた井上貞邦が唱えた説であるが、彼が横内の話を知っているのは、井上の養母である佳子の父親が横内であった事情がある。

彼の話より、その場所は大字小森江五五五番地、ブリキ屋・坂東忠嗣《ばんどうただつぐ》の二階と特定された。しかし明治期の戸籍は本籍地が重要で、出生地は書いてない場合も多くあり、芙美子の場合は書かれてないので確定することはできなかった。だが、後に宮田麻太郎の除籍謄本から出生地が小森江であることが分かった。

井上貞邦の発言以前は、芙美子が『放浪記』に書いた「下関のブリキ屋の二階で生まれた」との言葉が信じられており、地元の郷土史研究家により下関市田中町の五穀神社の入口角の槙野敬吉というブリキ屋の二階の貸間が芙美子の生家であると判断され、昭和四十一年には田中町自治会により、その場所に生誕地の碑が建てられた。だが「下関説、門司説も該当地区にそのころあったブリキ屋を求めたにすぎない」と冷静な少数意見もある。

奇遇にも下関田中町は松本清張も四歳から十一歳まで住んだ地であるが、芙美子の碑は清張の碑に取り替えた方がよいなどと不謹慎なことを言うつもりはない。清張と同じく彼女にとっても、物心付いた幼きころの思い出の地、心の故郷の一つは、きっと下関だったと思うからである。

有力説である門司出生説に基づき、小森江の矢筈山の麓にある小森江浄水場跡地には「花のいのちはみじかくて苦しきことのみ多かりき」と書かれた林芙美子の記念碑が作られているが、門司区民にとって彼女の出生地を知ることは、それなりに意味のあることかもしれない。

『放浪記』の序章に「私が生れたのはその下関の町である……（中略）……それを振り出しにして、佐世保、久留米、下関、門司、戸畑、折尾といった順に、四年の間に、七度も学校をかわって、……（中略）……直方の町は明けても暮れても煤けて暗い空であった」とあるが、彼女にとって門司はどれほどの心の故郷であったのだろうか。

明治三十四年五月に山陽鉄道が馬関まで開通し、下関は景気のよい町であった。父親の麻太郎は下関の知り合いが経営する質屋に門司から通い、質流れ品を売りさばいていた。商才のある麻太郎は独立して下関稲荷町あたりに質店「軍人屋」を開業し、明治三十七年、一家は下関に移り住む。まだ彼女がまだ生まれて間もない時である。軍人屋の名称は日露戦争にちなんで付けた。

明治四十年、麻太郎は石炭景気の若松に本店を移すが、儲かって羽振りのよい彼は、芸者遊びをするようになる。彼が対馬出身の芸者・堺ハマを家に入れたことや、店員・沢井喜三郎とキクの仲の問題で、キクは六歳の芙美子を連れて喜三郎と家出し、二人は一緒になる。テキ屋稼業の喜三郎と共に、長崎を振り出しに北九州各地を回るが、その下関時代には門司の錦町（当時の幸町）にハマと移り住んでいた麻太郎の家に芙美子はよく遊びに行っていたし、新町に住んで錦町小学校に通っていた横内種助の娘・佳子とも交友を深めている。麻太郎は若松から景気の良い門司へ戻り、西本町にある柳月堂菓子店の隣にあった石田旅館の一階に店を構えていた。その後、沢井喜三郎が下関で経営していた古着屋が倒産し、芙美子は母の里である鹿児島に預けられたのち、両親が行商でいた直方《のおがた》の町へ戻る。さらに大正五（一九一六）年五月「風琴と魚の町」尾道へ行くこととなる。

尾道駅の東側にある商店街通りにある林芙美子の像の碑文には「海が見えた　海が見える　五年振りに見る尾道の海はなつかしい　林芙美子　放浪記より　中田貞夫書」とある。きっと彼女の胸中には関門の海も重複して映り、懐かしさがこみ上げたことであろう。

彼女の心の故郷は何処であろう。幼きころに住んだ町は門司と下関、大正三年に松井須磨子が帝国劇場で演じた「復活」の劇中歌「カチューシャの唄」が流行したころにいた、苦労の思い出が尽きない直方の町、母キクの里である鹿児島、思春期に過ごした尾道も心に深く残っていたと思う。

《カチューシャかわいや　わかれのつらさ
　せめて淡雪　とけぬ間と
　神に願いを　（ララ）かけましょか》
（作詞・島村抱月、相馬御風）

彼女にとっていずれの地も「旅の古里ゆえ、別に錦を飾って帰る必要もない」所であった。出生地・門司の熱気に比べて冷やかではあるが、物心付かぬ〇歳の時に下関に移った彼女にとって、門司は特別な場所ではなかっただろうし、鹿児島出身の母・キクと愛媛県出身の父・宮田が行商で立ち寄り、間借り住まいした時に生まれたにすぎなかった門司の町である。芙美子自身、門司で生まれたことを知らなかったと考えるほうが正しいかもしれない。

だが、関門早稲田大学校友会での講演、欧州旅行、満州旅行、天草旅行、屋久島取材時も門司に来て、井上家に泊まり親しく歓談している。やはり、彼女にとって門司は懐かしい普段着の町であったのだろう。

先日、西武新宿線の本川越駅より電車に乗り中井駅で下車し、下落合四丁目にある林芙美子の旧宅を訪れた。二百冊近くの建築書籍を読み、大工の棟梁や設計者と共に度々京都の民家に足を運んで研究した住宅だけに、こぢんまりと均整のとれた和風建築の家であった。昭和二十六（一九五一）年夏の最後の日に四十七歳の芙美子が歩んだ玄関先の坂道を歩くと、戦前戦後を走り抜けた彼女の壮絶な人生の生々しさが体に伝わってくる。

林芙美子も幼きころ、桟橋通りを駆け抜けた一人である。

22 鈴木商店、まさかの工場群と明治人の心意気

林芙美子が生まれたという小森江の神鋼メタルプロダクツの工場あたりは、その後の明治三十八（一九〇五）年から翌三十九年六月十四日まで日露戦争のロシア将兵の捕虜収容所があった場所でもある。七万二千人余りのロシア兵捕虜が全国二十九カ所に分散収容されていたが、第二次大戦と違い友好的に終結したことは、何よりである。

大正六（一九一七）年、この場所に鈴木商店合金工場が新設された。後の神戸製鋼所門司伸銅工場である。艦船用ボイラー、産業機械の国産化に伴う伸銅品の製作をし、昭和六（一九三一）年、日本で初めてマグネシウム合金鋳物の実用化に成功した工場である。戦後は平和産業として再出発し、現在に至っている。

金子直吉（一八六六―一九四四年）が采配を振るった神戸の合名会社鈴木商店は、神戸の砂糖取引商であったが、鈴木岩次郎店主が急逝し番頭の直吉に経営を委ねてから急速に拡大し、大正期には三井、三菱に並ぶほどの勢いを見せた会社である。

その発展は大里の工場群に始まるが、大正六年八月には米騒動で本店が焼き討ちされ、門司支店も襲撃

される事件があった。しかし、その後、次々に企業を設立、大正七年の帝国人造絹糸（現・帝人）、同八年の帝国炭素（福岡県小竹町で御徳鉱業所を経営）、同十年の合同油脂グリセリン（現・日本油脂）、同十一年のクロード式窒素工業（現・三井化学）、豊年製油など数多くある。だが借金経営体質であったため、大正時代後期の不況で深刻な痛手を受け、さらに昭和二年の昭和金融恐慌時、台湾銀行との間に巨額の不良債権が発覚し倒産した。その流れは日商岩井（現・双日）に受け継がれている。

大里には鈴木商店が設立した企業が多くある。大里での始まりは明治三十六年、大里製糖所の設置であった。この会社は大日本精糖門司工場となり、現在は分社化され関門製糖になっている。明治中期における砂糖の供給は大阪の大日本精糖が独占しており、その横暴ぶりはひどく、専務はいつも大阪ミナミにあるお茶屋を指定し、お気に入りの芸妓を侍らせなければ商談に乗らなかった。そのことに憤慨した直吉は丹念に調査を行い大里製糖所を造ることを決めたと、作家・城山三郎が『鼠』に書いている。

創業時は製造技術などで混乱したが、大里は立地条件に優れており、製品の原価が安いため、ライバルの大日本精糖は窮地に追い込まれた。明治四十年に直吉の思惑どおりに全国の販売権も合わせて有利な価格で大日本精糖に売却した。

大里製糖所売却益の一部で明治四十三年に大里製粉所が設立され、大正九年に日本製粉と合併した。大里製糖所工場や大里製粉所倉庫の赤煉瓦建物は現在も当時の面影を残している。

大正元年創業の帝国麦酒（後のサッポロビール九州工場）や大正三年創業の大里酒精製造所も鈴木商店による設立である。大里酒精製造所は後の日本酒類醸造、さらに協和発酵門司工場となる。

大里は鈴木王国とも言われ、小森江より大里地区のＪＲ線路の海側は民家や寺社を除いてほとんどが鈴木商店の工場群で占められていた。帝国麦酒のビール瓶を製造する硝子製造所や大里冶金工場（後の日本冶金）、再製塩工場、精米工場、製麺所なども経営していたが、神戸製鋼所、関門製糖以外の工場は近年、順次閉鎖された。

大里の山手にある城山霊園の池は、大日本精糖が工場用水確保のため、大正十四年に完成させた大久保貯水池である。当時社長であった藤山竜太が書いた「甘水」の碑文が残る赤煉瓦造りの水門は、古めかしく趣のある産業遺構でもある。藤山竜太は元外相・藤山愛一郎の父親である。貯水池から製糖工場へ送水管で結ばれているというが、何処に埋設されているのか私には見当もつかない謎である。

貯水池が建設される以前の大正時代まで、水門付近は大里から松ヶ江方面へ向かう古道の分かれ道があった。大里の梅ノ木小路から田畑川沿いに寺内を経て猿喰《さるはみ》方面と畑方面へ向かう分かれ道の場所である。貯水池の場所の地名は大久保で、数軒の民家もあったようだ。この古道は周防灘の海産物などを大里宿に運ぶ人たちが歩いた魚街道であったと想像するが、実際はどうだったのだろう。大正時代になると鹿喰《かじき》峠越えの道が改修され、大正十五年に乗合自動車が運行を始めた。

小森江の国道東側に矢筈山があるが、この山頂には壕や砲台の跡がある。これは日清戦争（明治二十七年八月－二十八年三月）から間もない明治二十九年に完成した砲台である。トラックや重機のない時代であり、急坂な細道を登り、重い石材や大砲を山頂に搬入する明治人の苦労が伝わってくる。

この近くには笹尾、古城、和布刈、手向山の砲台もあるが、これらは明治二十年から明治二十八年にかけて建設された。その目的は清国が黄海に展開するアジア最強海軍と言われた北洋艦隊の侵入に備えて造られたものである。

明治維新後のわが国には清国やロシアからの侵略に対する恐怖心が強くあり、関門海峡や津軽海峡の自由通行権が狙われると考えた。当時の海上航行権は現代人が想像するより遥かに大きなことであった。関門、津軽、対馬の海峡をロシアや清国の艦船が自由に航行できれば、日本海はその国の湾になり、日本は防波堤に成り下がるとの意識からである。

鉄男君が「現代社会においても近隣諸国の増強される軍事力の動向は気になるが、いつか来た苦い道を再び歩んではならないと思う」と真面目な顔で語った。

23 日本最初の貨車航送は小森江－下関間

小森江には、もう一つ鉄道連絡船があった。明治四十四（一九一一）年に始まった日本最初の貨車航送である関森航路《かんしんこうろ》である。下関駅の西にある竹崎と門司市小森江笠松町を結ぶ航路で、当初は曳船がハシケを引く曳船方式だった。

貨車航送の出願は山陽鉄道によるものだったが、関門の荷物輸送を一手に請け負っていた「宮本組」の宮本高次（一八七一－一九四〇年）の発想に基づくものであった。航送開業当初は「第一山宮丸（三四トン）」、「第二宮丸（三〇トン）」、「第三宮丸（三四トン）」の曳船三隻と貨車運搬ハシケ十隻で、宮本組により運営されていた。

その後、輸送量が急速に増大したため大正二（一九一三）年六月に国鉄が買収し、大正八年八月一日より、船体の側面に水車が回る駆動方式の外輪船である「第一関門丸（四六三トン）」、「第二関門丸（四六三トン）」が運行した。続けて、貨車の大型化に対応して船体の安定性能を改良した「第三関門丸（四九三トン）」が大正十年に、「第四関門丸（四九三トン）」が大正十一年に就航した。さらに水車の大型化で燃費効率を改善した「第五関門丸（五〇二トン）」が大正十五年に就航して五隻体制になった。

関森航路の航送船「第二関門丸」(提供:宇都宮照信氏)

宇高航路から戻り、自動車航送をしていた昭和33年当時の
「第四関門丸」(撮影:谷次行清氏、提供:谷次辰巳氏)

西鉄の美人バスガイド。小森江で自動車航送船から下船した貸切バスではあるまいか（撮影：谷次行清氏、提供：谷次辰巳氏）

その独特の船型はミシシッピー川を走る水車小屋のような外輪船やペリーの黒船を真似たわけでもなかった。この船は両頭型で前後自由に航行でき、船体中央部に鉄道線路が縦方向に敷設され船尾がない構造で、七、八両の貨車を運搬できた。両頭型の船型に決められた理由は、三・七キロの海峡を効率的にピストン輸送するためである。曳船方式では貨車積み込み、航行、積み降ろしに八十分も要したが、外輪船の就航で四十分余りになったと思われる。昭和十五（一九四〇）年には年間六万八千回運行したというから、五隻がフル運転したことになる。しかし、関門鉄道トンネルが開通したため、昭和十七年七月九日に関森航路は廃止され、昭和十七年から十八年にかけて、全て宇高航路に転籍した。だが、宇高航路では故障も多く発生し、埠頭設備の不具合もあり、この地には馴染まなかった。

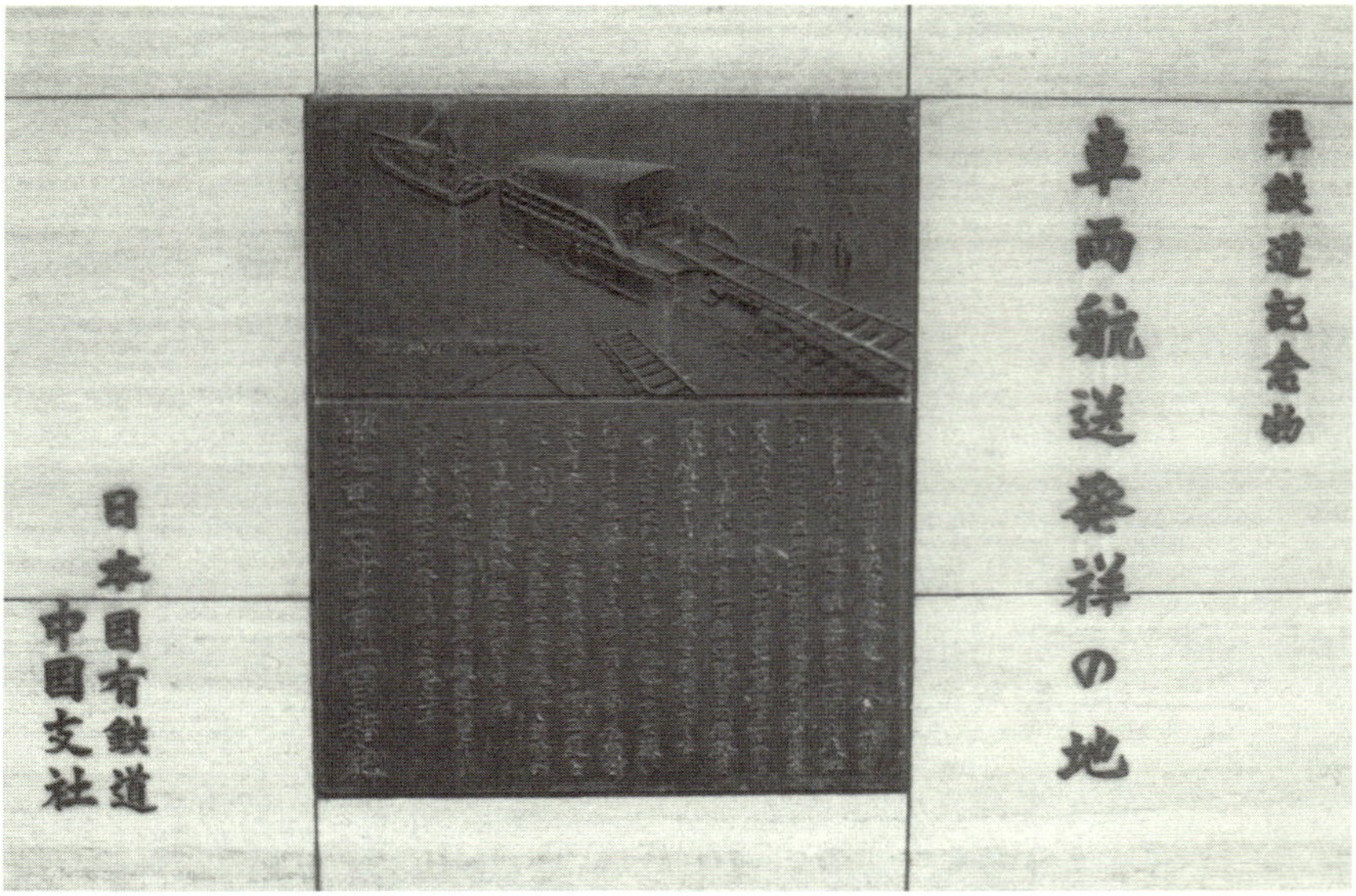

「車両航送発祥の地」のブロンズ板

昭和二十五年五月に日本自動車輸送に売却され、関門海峡に再び戻り、カーフェリーとなった。昭和四十年ごろまで小森江の貨車航送埠頭に錆びた鉄骨があったが、今はその名残も見当たらない。

下関の竹崎には昭和四十一年三月に「車両航送発祥の地」の木標が建てられ、同年十月十四日の鉄道記念日に準鉄道記念物に指定された。現在、その記念物は明治時代に運行した曳船方式の図案が描かれたブロンズ板に作り替えられて「シーモール下関」の歩道に面した外壁に埋め込まれている。

小森江の貨車航送埠頭は、明治末まで奥田方面より流れる大川の河口であった場所を造成して造られている。明治時代までこの河口の幅は広いが流水量は少なく、入江のようだったと推測するが、この場所は一説に小森江の語源とも言われている「高麗泊江」だったのだろうか。

この地を発掘して当時の朝鮮陶磁器や土器の破

清滝町にあった門司鉄道病院

片でも見つかれば、この川を上流に向かい奥田峠を越えて大積に向かった高麗国親善使節の話も現実味が高まると思う。（巻頭の地図3及び4参照）

この河口の北寄り海岸には、明治二十三年創業の家入鉄工所があった。当時この鉄工所は北九州最大の規模であった。ドック、運輸、鉄工、造船の四課がある重工会社で、後に門司鉄工所と名前を変えたが、どのような工場だったのだろう。まだ日本製工作機械などがない時代である。GE社製モーターが唸り音をあげ、シンシナティ社製旋盤が駆動する光景の近代式工場だったのだろうか。何故だか鉄工所があった場所は大正時代末に鈴木商店製塩工場になっている（地図3の上部分参照）。

さらに南に進むと、昭和六十三年三月十三日開業のJR小森江駅があり、隣には廃墟のような関門鉄道トンネル立坑がある。そして、その山手側に北九州市立門司病院がある。この病院は敗戦から立ち直りつつあった昭和二十四年に創立された門司市民病院が前身である。当時は救急医療も充分でなく、伝染病も多い時代であったが、充実した医療設備を切望していた大里の人々にとって、市民病院開設は心強い朗報であった。

さらに昭和三十年、大里不老町に近代的な門司鉄道病院が門司港地区より移転建設された。門司鉄道病院は大正六年六月、清滝町の掖済会病院の南側隣に開院したことに始まるが、その建物は二階建てで、大正時代の様式がうかがえるレトロ風の洋館であった。この病院の現在の名称は、ＪＲ九州病院である。

24 門司の道は古代の山陽道

明治二十四（一八九一）年に門司より小倉方面に続く道が国道に編入された。門司より小森江までの経路は現在の国道3号線とほぼ同じであったが、JR小森江駅付近より九州鉄道の線路（現・鹿児島本線）を海側に向かって横断し、線路沿いに南へ進み大里宿の街並の中に続く。この旧道の名残は現在も大里地区に残っている（地図3参照）。

さらに、大里宿を貫き松原の浜が続く新町あたりを海岸沿いに進み、小倉の手向山の脇を通り抜け、赤坂延命寺を経て再び海沿いに進み、長崎街道の起点である常盤橋に向かう国道であった。手向山海側の九州鉄道線は海岸線を埋め立てて建設したため、この道は鉄道線路と交差していた（地図5参照）。

この道を考える時、古代の山陽道が思い浮かぶ。

山陽道は奈良時代の重要街道である五畿七道の中でも最も重要な街道であった。大化の改新後、律令制下の大化二（六四六）年、孝徳天皇の詔勅により工事が始まり、天智天皇の時に街道整備が進み、天武天皇が完成させたと言われる。道幅は約一〇メートルから一二メートルで、最短にするため直線を基本とし、盛土工法を中心に造成された。納税物資の輸送や駅鈴による伝達などに利用され、その経路は偶然にも現在の主要国道と一致する場合が多い。

当初の建設目的は白村江の戦などに敗退したため、国防上の必要性から街道を造ったが、天武天皇の時代は中央集権の象徴として、全国六十四カ所の国府を結ぶ大路が張り巡らされたと思われる。

その九州路は次のように想像される。

下関市前田にあった臨門の駅－関門海峡－門司区和布刈の杜崎駅《もにさい》（和布刈公園の南側）－到津駅《いたむつ》（小倉城付近説や金鶏町屏賀坂遺跡付近説などがある）。ここより二路に分かれ、大宰府へ向かう。

大宰府路と呼ばれた道は独見《ひとみ》－夜久《やく》－嶋門《しまと》－津日《つひ》－席打《むしろうち》－夷守《ひなもり》－美野（JR博多駅の位置）－久爾《くに》を経て大宰府に至る。また、豊前路と呼ばれた道は刈田－多木－田河－網別－伏見を経て大宰府へ至る道であった。

臨門の駅は『日本書紀』によると外国人賓客用の施設であった穴戸館《あなとのむろつみ》という賓館としても利用されたという。場所は門司杜崎との交通利便性から赤間神宮付近説や唐戸町説があり、唐戸桟橋の近くには山陽道堂崎渡し場の碑も立っている。

門司区内の山陽道ルートは、杜崎駅－甲宗八幡神社南下の道－関門国道トンネル入口－法師庵から庄司へ直進する－清滝四丁目交差点あたり－税務署近辺－国道沿いに小森江－JR小森江あたりを横切り旧大里宿－新町海岸を小倉方向へ進んだと推測するが、確証はない。

塩浜堤防が築かれた文化十四（一八一七）年より以前の東本町あたりは入江を形成していたが、そこは干潟の風景が広がり、山陽道を旅する人々は入江の先にある海峡を眺めながら大宰府や奈良を目指したであろう。

「白木崎から小森江間の国道筋あたりは櫨の密林が茂っており、白木崎全部で一万数千斤もの櫨の実が採れた」という明治時代を知る古老の話が残っているが、奈良時代の街道筋はどうだったのだろう。

櫨の葉は秋になると萌えるような紅色になる。大宰府へ下る旅人や防人たちにとって秋の街道は、彦島に沈む夕日にライトアップされた櫨の葉が、灼熱地獄のように映ったかもしれない。

歴女さんが「大宰府を目指す万葉の歌人・大伴旅人が酒を飲みながら陶淵明《とうえんめい》の心境でこの道を寂しく歩いたかもしれないわ。文字ヶ関公園の場所では、大宰府へ単身赴任途中の山上憶良が家族に思いをはせ、杜甫の詩を読みながら海峡に涙したかもしれないでしょう」と女性らしく感傷的になった。

森崎駅は古城山麓の和布刈公園南下付近が研究者により推定されているが、その根拠は何であろう。当時、和布刈公園あたりも櫨の木が生い茂って平地がなかったと思われるし、門司港地区は大きな入江を形成していたから、杜崎駅が甲宗八幡宮がある旧門司一丁目付近にあったとしても不合理ではないと思う。この海岸を目指して航行するならば、海峡を渡る時に受ける早鞆の早い潮流の影響を軽減できるし、入江の中は波も穏やかで船の係留に向いていたとも想像される。

貞観二（八六〇）年創建の甲宗八幡神社の石段下あたりは、その昔漁村集落があったが、大内氏が門司を支配した室町期に勘合貿易（一四〇四－一五四七年）の起点となる湊の一つになったという。旧門司一丁目付近にあった門司浦は遣明船の出入りで賑わい、大型遣明船である足利幕府の「和泉丸」、大内政弘の「寺丸」、細川勝元の「宮丸」、それに「寿丸」の四隻がここを母港とした。博多で荷積みを行い中国の寧波《ニンポー》を目指して出航した時代があった。

門司浦は古い時代より湊に適した場所であったのだろう。

25 大里に夢を描いた男、後藤新平

明治末から大正初めにかけて、小森江から大里新町付近の鉄道線路周辺は田畑も多かったが、この広大な地域を買収したという人物がいる。

それは岩手県水沢出身で「大風呂敷」とあだ名された後藤新平（一八五七年七月二十四日－一九二九年四月十三日）である。当時、鉄道院総裁であった彼は、台湾総督府長官時代からの腹心であった門司鉄道局長の長尾半平（一八六五－一九三六年）に大里周辺の土地を広範囲に買収させた。目的は貯炭場、操車場、積出し設備などの建設であったが、優秀な都市計画立案者であり、当時関門鉄道トンネル建設を推進していた彼の胸の内には、別の壮大な構想があったに違いない。

彼が考えた大里発展の予想は実現に向けて動き始めたのである。前述のとおり明治二十九（一八九六）年には関門海峡に鉄道トンネルを建設する話も出始め、その後、鉄道院総裁になった彼は、橋梁案、トンネル案の比較調査を命じた。大正八（一九一九）年六月に鉄道院は、経費が安く、戦争爆撃にも耐えられる鉄道トンネル案に決定した。

彼が大里の田畑を買った目的は別にあったかもしれない。その後、鈴木商店は載炭機設置計画に伴う貯炭場敷地という名目で、鉄道院より大里海岸地区の土地十万坪を取得している。この決定は、それ以前の後藤新平の役職であった台湾総督府長官－台湾銀行人脈－鈴木商店経営の金子直吉－大里買収のきな臭い繋がりも想像されるが、本当の理由は謎である。そういえば、初代門司駅移転後の空き地の一角に台湾銀行が建てられているが何故だろう。このことと大里地区に鈴木商店の工場群が建設されたことや、新町付近に広々とした門司機関区の敷地や住宅用地が確保された件は関係ないのだろうか。

後藤新平は明治四十四年十一月十日に初代門司駅で起きた不運な事故により鉄道院総裁を辞任したとの説がある。

その日は明治天皇が東京より下関を経て、海峡を船で門司駅に着き、久留米に向かわれるということで、門司市にとって緊張に満ちた栄誉ある一日であった。初代門司駅前には明治天皇奉迎門が建てられ、桟橋通りの両側には正装や晴着姿の人々が日の丸の旗を持ち、ゴザを敷いて正座し、天皇陛下をお迎えした。ところが御召し列車を覆うシートの紐が風でポイントに絡み、レールを動かしてしまった。事前に訓練を重ねたにもかかわらず御召し列車は脱線してしまい、一時間余り遅れて出発することになった。責任者であった国鉄の主任が責任を強く感じ自殺してしまったが、事故原因は自然災害であり関係者の責任は不問となった。

だが後藤辞任説には、つじつまが合わない疑問も残る。

後藤は明治四十一年十二月、桂内閣で逓信大臣と鉄道院総裁を兼務したが、明治四十四年八月の内閣総辞職で逓信大臣、鉄道院総裁を辞任しているからである。なお、彼は再び大正五年十月、寺内内閣で内務大臣兼鉄道院総裁になっている。

彼は鉄道院総裁時代に国有鉄道広軌改築案の実現に多くの時間を費やしたが、後の原敬内閣は広軌改築案を否認した。しかし、後藤が帝都復興院総裁時代の部下で、当時経理部長をしていた十河信二が偶然にも鉄道院総裁になり、その意志を受け継いだ。そのことが広軌鉄道の東海道新幹線成功に繋がったと見る向きは多い。

以前、田中角栄はコンピュータ付きブルドーザとあだ名を付けられたが、後藤は大風呂敷を担いだウルトラマンみたいな男である。総理大臣以外のあらゆる要職を歴任、その経歴は台湾総督府長官、南満州鉄道初代総裁、鉄道院総裁、東京市長、内務大臣、外務大臣、日本放送協会初代総裁、ボーイスカウト日本連盟初代総長、拓殖大学第三代学長など数多くあり、台湾の都市開発や震災後の東京大改造計画も立てた。また、満州に十六カ所あった高級ホテル「ヤマトホテル」も後藤新平により設立されたという。

しかし、物事は一筋縄ではいかないもので、大正十二年の関東大震災、昭和二年の世界恐慌の影響で鉄道トンネル工事は進まないまま後藤新平は他界した。

彼は昭和四（一九二九）年四月三日、体調不良の中、九時二十五分東京駅発の急行一等寝台車で岡山に行く途中の米原付近で突然脳溢血により倒れ、治療に良い病院がある京都駅まで運ばれた。寝台車の通路は狭くて担架を通せないので、駅長了解の上で列車の窓ガラスを割って搬出され、京都府立病院に運ばれたが、四月十三日に死亡した。鉄道と共に歩んだ生涯でもあった。

26 江戸時代から賑わった大里の面影

大里は大製鉄所の候補地だった

大里の地名は、安徳天皇の行在所になったため内裏または内裡と呼ばれていたが、一七〇〇年代に大里と改字した。その理由は諸説あるが、延享元（一七四四）年、京都所司代より小倉藩に「字面尋」があり、小倉藩の命により大里としたとの説が有力と思われる。

大里は明治時代に製鉄所建設の有力候補地となった町である。

明治政府は明治二十九（一八九六）年三月三十日の議会承認により製鉄所管制が発布され、製鉄所候補地として千葉、大阪、呉、長崎など約十七カ所が決まり、最終的には石炭や鉄鉱石供給に際して利便性に優れるなど地理的条件で柳ヶ浦（門司区大里）、板櫃《いたびつ》（小倉）、八幡の三カ所に絞られた。

大里は第一候補であったというが、平岡浩太郎（政治団体玄洋社初代社長）、長谷川芳之助（実業家、鉱山学者）、安川敬一郎（筑豊御三家）らや、筑豊進出を決めていた三菱が八幡村へ決まるように誘致活動を行い、政府や政治家へ働き掛けを積極的に行った。

結局、明治三十年二月六日の政府告示により八幡村に決定されたが、もし大里地区に決まっていれば門司区民の運命も大きく変わっていたであろう。

大里東口のバス停を東側に少し進むと、明治三十六年に芦野虎吉が創業した芦野鉄工所が近年まであった。セメント工場設備や産業機械、公害防止設備などのプラントメーカーで戦前は中国、台湾などにも支店がある会社であった。

さらにその東側に進むと明治四十四年に設立された九州電線製造会社があった。電力開発の松永安左エ門や門司瓦斯会社の藤波重雄ら有力者により設立され、後に古河電気工業の傘下に入り、同社の九州電線製造所になった。のこぎり屋根の赤煉瓦造り工場は、米軍の空襲に備えてか、赤煉瓦に黒色の斜線迷彩を塗った建物で印象的であったが、昭和四十六（一九七一）年に新門司臨海工業地帯に移転され、跡地に大里高層団地が建てられた。

江戸時代の大里宿は渡海地だった

大里東口を海側に進むと大里本町一丁目であるが、ここには康正二（一四五六）年創建の西生寺がある。この寺は江戸時代初期の寛文年間（一六六一－七二年）には現在の位置より一キロほど南にある八坂神社（元・祇園社）の西隣にあり、企救《きく》郡の判行寺であった。判行寺とは幕府のキリシタン禁止令により十五歳から六十歳までの男女を毎年三月に集め、絵踏みを行う寺である。また、幕府役人や九州の諸大名の宿泊を引き受けていた。江戸時代より祇園社の近くには、仏願寺や大専寺、大里宿もあり、このあたりは大里の中心地であったが、西生寺は小倉藩の指示で現在の地に移転した。

その跡地には小倉藩が御茶屋を建て、渡航手形発行など渡海地としての整備を進めた。また、元町付近の土地を筑後久留米藩が寛永二十（一六四三）年に借り受け船屋敷を建てた。後に日本製粉の工場があった場所である。大里宿には九州大名の御用達本陣や旅籠《はたご》もそれぞれ数軒営業しており、大里番所は小倉城下の湊口の番所と並び重要だった。

江戸へ向かう大名行列の藩士にとって、大里宿は海峡を渡るといよいよ本州への長旅が始まる起点の湊である。家族とも遠く離れ不安が募る乗船であっただろう。

尾張の商人・菱屋平七は享和二（一八〇二）年三月十六日名古屋を出発し、京・大坂を経て長崎までの旅を楽しんだ。彼はその旅日記『筑紫紀行』を残しているが、絵師のように上手な挿絵入りの紀行文である。門司については、「豊前門司浦には人家百五六十軒ばかりあるが見ゆ。大裡は人家三百軒ばかりあり。諸侯方の渡海し給ふ舟場なり。されば本陣などもありといへり」と書かれている。

また、長岡藩幕末の勇士・河井継之助は長崎遊学の折に書いた道中日記『塵壺《じんこ》』を残しているが、安政六（一八五九）年、関門海峡を渡り門司へ至る折の記録によると、赤間近くの阿弥陀寺から内裏（門司区大里）までの渡し賃は百文（千八百円から二千円程度）、内裏で往来切手持たざるは二十文（三百六十円から四百円程度）であったと述べられている。また、彼が大里より小倉へ向かう折のことであるが、「風景が絶妙で、松原に憩い煙草を呑み風景を眺めた。船の通行が多く北海行き（の北前船）に乗れば直に故郷（新潟）に行けることが一と入《しお》思い出される」と述べている。戦前、新町の海岸あたりには松原があり海水浴もできたというが、今はその面影もない。

歴女さんが「大里本町の関門製糖に接する築港は渡海口の舟場であったとの説もあるでしょう」と話しかけてきた。

「この付近に乗船場があったと思われるけれど、当時の名残は見当たらないね。この築港の石組みは近世の技術であるようだし、陸地測量部による明治三十年測図（地図3参照）に、この入江はないから」と鉄男君の素っ気ない返事であった。

「大里宿のお食事が気になるわ」

「僕の想像だけど、小笠原藩が保存食として奨励した野菜やイワシ、サバの床漬けやオキュウト（エゴノリで作る寒天のような食べ物）、焼き魚の魚飯、ガザミやイシガニ、シャコ、きぬ貝、スミイカなどの魚貝類、くじら料理が思いつくな。それに博多の筑前煮（福岡では「がめ煮」と言う）なども食べたと思うけど」

「当時は捕鯨会社もないし、くじらを食べる食習慣もなかったでしょう」

「江戸時代、西海では鯨組による捕鯨が盛んだったようだよ。寛政年間（一七八九－一八〇〇年）の有名な鯨組には、平戸市生月島にあった益冨組、唐津市小川島の中尾組、壱岐の土肥組、五島有川の江口組などがあるんだ。だから北九州でも鯨の保存食などが食べられていたと思うな」

その後、慶応二（一八六六）年の豊長戦争で大里は全ての寺や数多くの屋敷を焼失し、大名行列の渡海もなくなり活気を失っていった。維新の戦乱と変革は士族だけでなく、町にとっても苦難の道のりであった。

西生寺は明治十六年に再建され、他の寺も明治中期までにそれぞれ再建された。

「福島県会津地方の長老には戊辰戦争で戦った長州藩への恨みが今もあると聞くけど、大里の町や和船を二百艘も焼かれた田野浦は、高杉晋作や奇兵隊にもっと怒りを持つべきかもしれないね。しかし、この戦争は幕府側による長州征討に起因することでもあり、未来志向と寛容の心が肝要であると思う」とは鉄男君の意見である。

高杉晋作は肺結核を患い、豊長戦争が終わった翌年の慶応三年五月に他界した。二十七歳の若さで病没したが、全く無念の死であっただろう。

27 平家の悲しみが聞こえる町

現在の大里バス停あたりは明治二十四（一八九一）年、九州鉄道大里駅が開業し、道路の整備も進展し、大正時代には急速に街へと発展した。明治時代中ごろまで柳村の入口であった梅ノ木小路を入った所に「貴船の森（または木舟の森）」という森があったというが、その場所は大里駅あたりであろう。森の中には石造りの小さな祠があったが、その祠の中には高さ二五センチほどの木像が二体が祀られていた。一方は赤色の剝げた衣装で玉を抱いて童形の頭をしており、一方は黒鞄の衣冠姿をした大人である。きっと子供の方は安徳天皇で、大人は雅盛卿だろうとの記録がある。この御神体は現存しているかは知らないが、平家の嘆き悲しみを弔う像であったと想像する。

その一〇〇メートルほど山手の方には「疫神の森」があったが、その森の中には石畳が多数あり、その周りには大竹藪があったという。そこは皇居の跡といわれ、現在の御所神社境内と思われる。天皇が去った皇居は疫病が流行するとの伝説より、疫神の森が造られたのではあるまいか。

大里は逃避行に疲れ切った平家の女官たちの悲しみが聞こえる町である。

『平家物語』（巻八・大宰府落）の節に豊前国柳ヶ浦（門司区大里）へ追われる平家一門の辛さ悲しみが

生々しく記述されている。

平家は都落の後、寿永二（一一八三）年七月に福原落ち、宇佐八幡宮を経て大宰府へ行くことになる。国守代行の藤原頼経《よりつね》のもとに京からの通達で大宰府にいる平家を追い出せとの指示が届き、配下の緒方三郎維義《これよし》にそれを命じた。

緒方三郎維義が三万騎で大宰府に来襲すると聞き、平氏は取るものも取りあえず大宰府を逃れた。身分の高い女官も素足の徒歩で我先にと箱崎の津へ落ちた。折しも降る雨は車軸を流すがごとく、吹く風は砂を巻き上げるがごとく激しくて、落ちる涙と降る雨が一つになって区別がつかなかった。住吉、箱崎、香椎、宗像の神社を伏し拝み、帝が旧都に戻ることだけを祈った。

険しい峠の難所や砂浜を越えてきたが、慣れないことで足より出る鮮血は砂地を染め、紅の袴は色を濃くし、白袴は裾が紅色になった。

新羅、百済、高麗、荊旦《けいたん》、雲の果て、海の果てまでも落ちて行こうと思ったけれども、押し寄せる波風に逆らうことはかなわない。

遠賀川の河口付近の山鹿城を本拠とする有力武士である兵籐次秀遠《ひょうとうじひでとお》の数千騎に守られて山鹿の城に逃れたが、ここも緒方維義が攻めてくると聞き、小舟に乗り夜を徹して柳ヶ浦に渡る。ここで内裏を造ろうという公卿会議の指示もあったが、それだけの広さもなく叶わないことであった。

小松殿（重盛）の三男である左中将清経《きよつね》は、もともと何事にも思いつめる人であったが、「都は源氏のために攻め落とされ、鎮西では維義に追い出された。網にかかった魚のようである。何処へ行っても逃げられようか。長生きできる身でもない」と言って、月の夜、心を清まし、舟の屋形を出て横笛を奏でて朗読した後、静かに経を読み念仏して海に沈んだ。男も女も皆泣き悲しんだがどうにもならない。寿永二年秋のことであった。

平家の舟は小舟であったが、長門国の知盛が調達した大舟百艘に乗り換え、讃岐国屋島に渡り拠点を造ることとなった。木曾義仲は屋島攻めのため備中水島に進軍するが、平知盛・教経《のりつね》の率いる平家船団が急襲した水島の戦い（寿永三年一月）で、平氏は久々の勝利を得た。

勢力を盛り返した平家は旧都福原に戻ったが、寿永三年二月に神戸須磨口の近くにある一の谷合戦で義経軍に敗退した。さらに元暦二（一一八五）年二月に屋島の合戦でも敗れ、元暦二年三月二十四日、壇ノ浦の合戦で滅ぶことになった。

当時、大里は海沿いに漁師の家がまばらにあった程度で、雑木や竹藪の森に覆われた寒村であったと想像するが、失意と悲しみ、恐怖に満ちた逃避行の最中、なぜ柳ヶ浦に内裏の造営を検討したのであろうか。朝鮮半島、瀬戸内方面や豊後水道を南下することに都合のよい門司の地勢から判断したのではあるまいか。それに背後には知盛の領地である長門国や山賀の秀遠など味方もおり、多少とも心の休まる地であったかもしれない。

《都なる九重の内恋しくば柳の御所を立寄て見よ》

薩摩守忠度《さつまのかみただのり》の歌である。柳の御所とは現在の御所神社である。

忠度は文武に優れた武将であったが、一の谷の合戦で岡部六郎太忠純に討たれた。彼は旧・国鉄からも好まれなかったらしく、忠度（ただ乗り）の乗客のことを国鉄では「薩摩守」と呼んでいたという。

「平家の逃避行は、寝具、雨具、シューズから地図帳、マッチ一本までなく、わら草履が擦り切れてできた傷口の消毒薬もない、腹が減ってもインスタントラーメンは売られてないのだから、想像を絶する恐怖と苦労に満ちた旅だったでしょう。雑木林だけの寂しい寒村だった晩秋の大里を訪れたころ、平家の人々は辛さの頂点であったと思うわ。

門司駅の近くの柳町に『風呂の井戸』という古跡があるでしょう。平家一行が逃避行の疲れを癒すためこの井戸の水で体を拭いたことから、この付近の地名は風呂になり、それが不老町になったそうね。秋風が哀しく吹く夕暮れに、不安と恐怖の思いで体を洗ったのでしょうね」

「でも違う話もあるけど。昭和九（一九三四）年八月の『門司新報』によると、これは畏れ多くも安徳天皇が壇之浦で崩御遊ばれた折、大里にしばし御足を延べさせられ、この井戸を御使用遊ばされていたことが最近土地の老人から伝えられ、今更ながら聖恩に感泣している、との記事があるけれど」

「しかし、合戦の最中に幼い安徳天皇が大里に出かける余裕があったとは思えないよ」

鉄男君と歴女さんの会話である。

壇ノ浦の合戦後、安徳天皇は豊後水道を南下して佐多岬の南方にある硫黄島に行った話や、四国の山間部に生存していた話など、全国に数多くの異説がある。

雄大な自然と磯の露天温泉が素晴らしい硫黄島《いおうじま》に、安徳天皇の御所である黒木御所や墓所があり、その子孫である当地の長濱家に伝わる古文書『硫黄大権現宮御本縁』によると、壇ノ浦における身代わりは、平時房の七歳になる娘だったとされている。

高知県越知町《おちちょう》横倉山には、平家の守護神を祀る「杉原神社」や三種の神器の一つとされる「草薙《くさなぎ》の剣《つるぎ》」が出土したという「平家穴」、供御水を汲んだ「安徳水」、それに安徳天皇を祀る「横倉宮」があると聞いている。

徳島県吉野川の上流に位置する三好市東祖谷《ひがしいや》の栗枝渡《くりしど》には「屋島の合戦で敗れた平家一門に連れられて安徳天皇がこの村に落ち延びたが、翌年悪病が流行し天皇は崩御された」という話が伝わっている。栗枝渡八幡神社は、幼い天皇の御遺体を火葬し、お祀りした場所という。

「いずれも現実味がある話だなあ。伝説や伝承には歴史の真実が秘められているようで興味が湧くね。宮内庁による安徳天皇の御陵墓参考地は全国に五カ所もあるそうだよ」と鉄男君が話した。

歴史学者の中では、御陵墓参考地発掘が禁止されていることについて議論があることを、付け加えておこう。

《祇園精舎の鐘の声、諸行無常の響きあり。沙羅双樹の花の色、盛者必衰の理をあらわす》

（作者未詳）

28 長崎街道と、シーボルトも見た与次兵衛碑の謎

長崎街道は文明開道

江戸時代、大里は小倉と並んで本州に渡る長崎街道の重要な湊町であった。長崎街道は当初、小倉の常盤橋《ときわ》が起点であったが、寛政十一（一七九九）年に長崎奉行所が大里に船舶取締りの番所を設けてから大里が起点となり、特に小倉－大里間を門司往還と言った。なお、単に往還というと往復する街道を指すが、北九州地区では天領日田と久留米間の日田街道を指す場合が多い。

長崎街道は二十五宿五十七里と言われ、全行程には六、七日要した。その道程は、塩田通りと呼ばれる大村湾沿い経由で長崎に至る「大里－小倉－黒崎－木屋瀬《こやのせ》－飯塚－内野－山家《やまえ》－原田《はるだ》－佐賀－牛津－塩田－嬉野－彼杵《そのぎ》－大村－諫早－矢上－長崎」の道と、多良通りと呼ばれ途中の塩田より有明海沿いを通る「－塩田－浜（鹿島）－多良－湯江《ゆえ》－諫早－矢上－長崎」の道がある。

長崎街道の整備は慶長五（一六〇〇）年に黒田長政の筑前入り後に進められ、慶長十六年、冷水越《ひやみずごえ》の開削後に完成された。

歴女さん「この街道は誰が歩いたのでしょう。この街道は海道とも言うし、田舎道だから、海産物の運搬や魚を行商する人々が利用した道じゃない。でも砂糖街道とも言うでしょう。江崎グリコの創業者・江崎利一（一八八二－一九八〇年）や森永製菓の創業者・森永太一郎（一八六五－一九三七年）も佐賀出身の方でしょう。キャラメル街道としたらいいな」

「それは正確でないよ。砂糖は金よりも高価で、南蛮より長崎出島に輸入され、長崎街道を経て上方に運ばれたから砂糖街道とも言われたそうだ。だから街道筋は砂糖が入手しやすく、長崎には南蛮菓子と言われるカステラやマルボーロがあり、佐賀の小城《おぎ》羊羹、飯塚の千鳥饅頭など甘いお菓子もたくさんあるね。小城羊羹は江戸時代に佐賀の森永惣吉（一八四六－一九一〇年）が大坂に行って教わった羊羹作りに始まるそうだよ。それまでの羊羹は小豆・小麦・砂糖を混ぜて作る蒸し羊羹だったんだけど、彼は寒天を加えた練り羊羹を作ったと聞いたよ」

この道は歴代の長崎奉行が通行したが、出島のオランダ館付医官で『江戸参府旅行日記』を書いたケンペル（一六五一－一七一六年）や『江戸参府紀行』を書いたシーボルト（一七九六－一八六六年）などが江戸参府の折に利用している。徒歩旅行にかけては天才的であった伊能忠敬や吉田松陰もこの街道の旅日記を書いているし、前述の菱屋平七や河井継之助が残した旅日記も同時代の見聞録である。

幕末になると坂本竜馬、高杉晋作、伊藤博文など数多くの志士が海路・陸路で長崎を目指しているが、その目的は外国商人から武器を調達すること、情勢の探索、上海に渡航するためなどであった。

さらに、長崎街道を駆け抜けた一人に佐賀藩の江藤新平がいる。文久二（一八六二）年六月二十七日、二十九歳の彼は佐賀藩を脱藩し京を目指した。佐賀から小倉まで長崎街道を走り、小倉から大坂まで船便を利用して都入りした時から彼のドラマが始まる。民政重視「民の司直」を主張した彼の視点は、現在の政治家や司法関係者も学ぶことが多いかもしれない。頭の中は西欧の法律学と公正な司法を目指す情熱と正義感でいっぱいであったが、明治維新政府を敵に回し、彗星のように現れ彗星のように消えた男である。佐賀出身の政治家では、早稲田大学創設の大隈重信や書聖と言われ書道大家でもあった副島種臣も若きころ、この道を歩んだのではあるまいか。

「この道は多くの文化人や蘭学を志す賢人も歩いた道だから、キャラメル街道より文明開道があってるね」とは鉄男君の感想である。

与次兵衛碑とシーボルト

小森江の沖合いに与次兵衛瀬という所があったが、この名称は次の事情より付けられた。

文禄元（一五九二）年七月、朝鮮出兵中の豊臣秀吉が、母が急病になり容体は日増しに悪化して危篤が迫ってきたとの報告を受け、七月二十二日、肥前名護屋から大坂に出発した。帰る途中に乗船した御座船が関門海峡で突風に煽られ、暗礁に乗り上げ難破し、船内はほとんど水浸しになった。間一髪、秀吉の命も危うくなり、船頭の与次兵衛はその責任により柳ヶ浦の浜で切腹することになった。慶長五（一六〇〇）年の関ヶ原の戦を経て小倉藩の領主となった細川忠興がそのことを知り、与次兵衛の供養と航行の安全のため、その岩の上に石碑を建てた。なお、忠興は細川元首相の御先祖である。

小瀬甫庵《おぜほあん》が寛永三（一六二六）年より版を重ねた『太閤記』にその経過が穏健に書かれているが、次の文はその一節である。

秀吉の無謀な大計画（朝鮮出兵）に驚いた後陽成天皇は勅書を下し諫めた。七十六歳の母・大政所は秀吉を気づかい「渡海を思い止まるように」と言ってよこしたが、その心配が原因で病床についた。

秀吉は七月十一日に関白秀次から大政所の容態は日増しに悪化して御危篤が迫ってきたとの報告を受け、七月二十二日名護屋を出発し、昼夜を分かたず急がせた。

毛利輝元は朝鮮に在陣中であったが、長男の秀元は若年であり領国にいたので、お見舞いのため名護屋に参上した。秀吉は喜び、上方まで召し連れることになった。秀吉の船が豊前国の内浦沖の死の瀬（後に与次兵衛瀬と呼ばれた瀬）という難所を通るので、秀元はもしものことがあってはと用心のため、自分の船を近づけていった。すると案の定、秀吉の船は浅瀬に乗り上げて難破し、船内は水浸しになった。あわや秀吉の命も危うくみえて、数百隻のお供の舟の人々が慌て騒いだが、秀元は舟を寄せて、これにお移り下さいと申し上げたので、秀吉は喜び秀元の舟に移った。この時、秀元を宰相に任じ、婿にしたいと約束するなど、非常にご機嫌であった。

また、明石与次兵衛を召されて「今のあり様はどうしたことか」と厳しくただしたので、与次兵衛は慌てふためき「この難所のことはかねて聞いておりましたが、山陽路の国々はほとんどが敵国になったとのことゆえ、対岸伝いに行こうとするうち、このような次第になりました」と申し上げた。

秀吉は非常に腹を立て「余は中国の毛利殿の船に乗って一命を助かったのであるぞ。なんともけしからん言い分である」と、直ちに内浦の浜に引き出して首をはねさせた。

秀吉が大坂に着いた時には、すでに大政所は二十五日に亡くなっていた。同月晦日に京都に到着した時、死に目にも会えなかったことで失神した後に泣き崩れ悔み、徳善院玄以《げんい》、玉仲和尚に申し付け、大徳寺で立派な葬儀が行われた。作善を尽くし供養した後、秀吉はまた九州へ赴いた。

藩史『毛利家乗』二巻によると「柳浦灘に死の礁と称する潮の干満で見え隠れする難所を通過するため船頭は努力したが、船は転覆し、秀吉公は裸体で岩礁によじ登り佇立《ちょりつ》して手を掲げ船を呼んだ。潮流は激しく近寄れない危急のところ、安房の守が岩間に小舟を介して救出された」ことが書かれている。信頼できる話だろう。

「身長一五〇センチ足らずの小柄な秀吉さんが慌てふためき、衣服は潮に流され裸体で岩にしがみついた姿を想うと、猿ヶ島によじ登る猿のようだったでしょうね。派手好きな太閤様だから褌の色は紅花染めのワインレッドだと想像するわ。婦人用はあるのかしら」と歴女さんが久々に目を輝かせて話した。

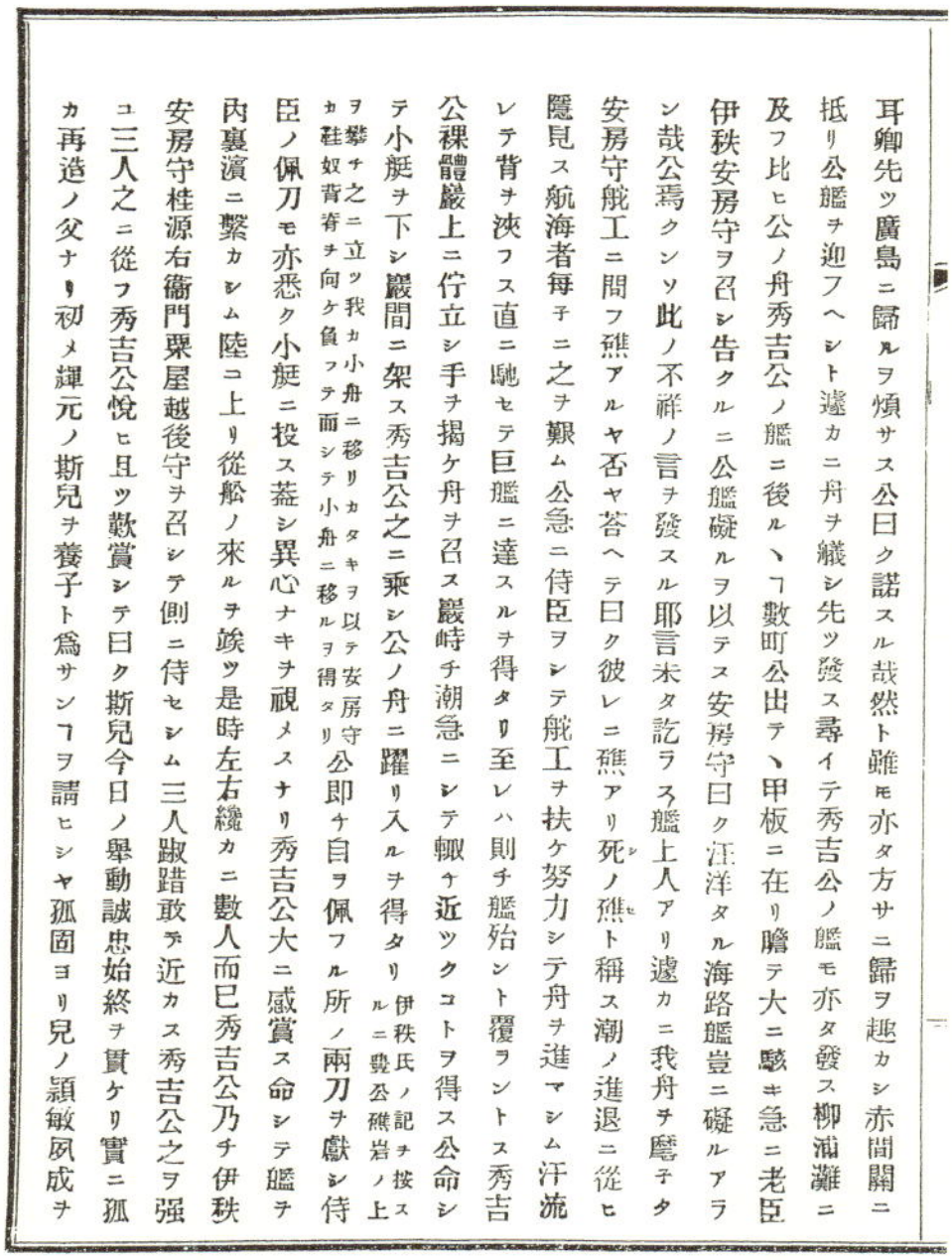
耳卿先ツ廣島ニ歸ルヲ煩サス公曰ク諾スル哉然ト雖モ亦タ方サニ歸ヲ趣カシ赤間關ニ抵リ公艦ヲ迎フヘシト遽カニ舟ヲ艤シ先ツ發ス尋イテ秀吉公ノ艦モ亦タ發ス柳浦灘ニ及フ比ヒ公ノ舟秀吉公ノ艦ニ後ルヽヿ數町公出テヽ甲板ニ在リ瞻テ大ニ駭キ急ニ老臣伊秩安房守ヲ召シ告クルニ公艦礙ルヲ以テス安房守曰ク汪洋タル海路艦豈ニ礙ルアラン哉公焉クンソ此ノ不祥ノ言ヲ發スル耶言未タ訖ラス艦上人アリ遽カニ我舟ヲ麾子タ安房守舵工ニ問フ礁アルヤ否ヤ荅ヘテ曰ク彼レニ礁アリ死ノ礁ト稱ス潮ノ進退ニ從ヒ隱見ス航海者每子ニ之ヲ艱ム公急ニ侍臣ヲシテ舵工ヲ扶ケ努力シテ舟ヲ進マシム汗流レテ背ヲ浹フス直ニ馳セテ巨艦ニ達スルヲ得タリ至レハ則チ艦殆ント覆ラントス秀吉公裸體巖上ニ佇立シ手ヲ揭ケ舟ヲ召ス巖峙チ潮急ニシテ輙ナ近ツクコトヲ得ス公命シテ小艇ヲ下シ巖間ニ架ス秀吉公之ニ乘シ公ノ舟ニ躍リ入ルヲ得タリ伊秩氏ノ記ヲ按スルニ豐公礁岩ノ上ヲ繫チ之ニ立ツ我カ小舟ニ移リカタキヲ以テ安房守カ牲奴背脊ヲ向ケ負フテ而シテ小舟ニ移ルヲ得タリ公即チ自ヲ佩フル所ノ兩刀ヲ獻シ侍臣ノ佩刀モ亦悉ク小艇ニ投ス蓋シ異心ナキヲ視メスナリ秀吉公大ニ感賞ス命シテ艦ヲ内裏濱ニ繫カシム陸ニ上リ從船ノ來ルヲ竢ツ是時左右纔カニ數人而已秀吉公乃チ伊秩安房守桂源右衛門粟屋越後守ヲ召シテ側ニ侍セシム三人跛踖敢テ近カス秀吉公之ヲ强ユ三人之ニ從フ秀吉公悅ヒ且ツ歎賞シテ曰ク斯兒今日ノ擧動誠忠始終ヲ貫ケリ實ニ孤カ再造ノ父ナリ初メ輝元ノ斯兒ヲ養子ト爲サンヿヲ請ヒシヤ孤固ヨリ兒ノ穎敏夙成ヲ

『毛利家乗』の一節

また、『豊前志』によると「天正十（一五八二）年秀吉公中国征伐の時、毛利家の臣黒崎團右衛門を切られけるが　文禄元年名護屋に赴き賜う時　船頭与次兵衛　兄團右衛門のために仇を報いむとて　御船を此処の瀬戸にて覆さむと謀りしに　其の事果たさずして殺されたり。然るにより与次兵衛が瀬戸となむ云ふ」と仇討ち説が書かれている。

稱セリ竊カニ意フ輝元ノ領邑殆ント十州ニ跨ル其半ヲ割テ以テ兒ニ傾タシメント而ルニ今日事功今古ニ冠絶ス孤必ラス輝元ノ全封ヲ讓與シ宗嗣ト爲サシムヘシ卿等以テ慮ト爲ス勿レ三人感泣ス秀吉公親自ラ安房守等三人ニ章服各々一ヲ賜フ頃アッテ從船皆ナ至ル秀吉公半介ニ命レ榜人明石與次兵衛ヲ逮ヘ逆狀ヲ訊鞫セシム與次兵衛以爲ラク輝元朝鮮ニ在リ逆狀蹤アリ是ヲ以テ山陽ノ海岸ニ近ツク或ハ變ヲ肘掖ニ生センヿヲ恐レ枉ケテ海心ヲ航セリ誤リテ礁ニ觸レシ所以ナリト僞諳ヲ呈シ以テ之ヲ證ス半介公君臣ノ側ニ在ルヲ以テ竊カニ秀吉公ニ耳語シ且ツ其僞證ヲ献ス秀吉公高聲ニ之ヲ讀マシメ以テ衆ニ視メシ大ニ慍テ曰ク孤始メ以爲ク斯奴舵工タルヿ既ニ年アリ奚將サニ其死ヲ愍ミ止タ其兩耳ヲ刵シテ之ヲ放タントス而ルニ今ヤ己レノ罪逆ヲ推シテ輝元ヲ誣ユ讒慝ノ罪一モ假借スヘカラス孤ヤ其ノ言ヲ聞キテ其行ヲ覩ル猶ホ鏡ヲ懸ケテ照ラス如シ必ラス逃ルヽ所莫キナリ輝元隆景ノ孤ニ於ケル眞ニ羽翼爪牙タリ曩ニ孤九州ヲ平クヤ以爲ラク九州ハ頗ル大封山陽八州ニ過ク且ツ山陽ハ京畿ニ鄰レリ害アッテ利ナシ鎮西ハ是ニ異ナリ天下事無ケレハ則チ止ム矣若シ事アルモ枕ヲ高フシテ眠ルヘシ因テ嘗テ謂フ今ノ封ヲ轉シテ九州ニ移サントス隆景答ヘテ曰ク山陽八州ハ予カ先人百戰シテ得タル所ナリ封ヲ移スヲ欲セス願クハ舊ニ仍ラン矣其眞率情ヲ矯メサル此ノ如シ是レ孤カ深ク親信シテ疑ハサル所ナリ何ヲ以テ逆ヲ謀ルノ擧アラン哉斯ノ兒モ亦能ク二人ノ誠忠ヲ體シ孤カ今日ノ危難ヲ拯ヒタリ而ルニ此ノ奴自カラ禍心ヲ包藏シ漫リニ寃枉ヲ輝元ニ被ラシム死シテ且ツ餘罪アリ必ラス赦スヘカラサル也是ニ於テ與次兵衛ヲ戮シ其首ト僞証トヲ公ニ授ケ命シテ今日ノ情狀ヲ朝鮮ニ報セシム公即チ福原織部ヲシテ朝鮮ニ遣ル豐公又タ公ニ語ケテ曰ク卿速カニ京師ニ朝セヨ孤將サニ奏請シ先ツ叙位等ヲ進メ公家タラシメ以テ厚德ニ報ヒントスト殊ニ公ノ舟人ヲ擧ケテ舵ヲ執ラシメ公ノ舟モ亦タ悉ク從船ト爲シ其翌日赤間關ヲ發シ大坂ニ歸ル

考證　福原氏手記　朝鮮ニハ釜山浦へ日本舟着クトヒトシク小西攝津守城ヲ圍ミ一時攻ニシテ異國人ヲ八千餘討捕殘黨悉ク追散ソレヨリ帝都ヘト志シテ次第々々ニ攻近ツキケレハ都ニテ日本勢防ン事難成トヤ思ヒケン帝王ハ儀州トテ朝鮮國ノ西方明朝近キ所ヘ退散シ給フ都ヘハ日本勢打入申ノ由至名護屋注進有シニ依リ上樣御喜被成由候付佐世石見守ト伊秩安房守談合候テ秀元名護屋ヘ參上被申此御祝儀被申上候テハ如何可有御坐カト渡瀨殿大乃木殿ヘ申候ヘハ早々御參有テ可然ト被申シニ依テ秀元卿ハ爲御見舞名護屋ヘ七月ニ出船有リ御參有ヘシトテ至下關御下着云々

三十日秀吉公大坂ニ抵ル我カ榜人舸子皆ナ金ヲ賜フコト差アリ且ツ公ニ諗ケテ獨リ其舟ヲ留メテ以テ乘艦ト爲ス

『毛利家乗』の一節

もしここで豊臣秀吉が溺死しておれば、家康の天下取りは間に合わず、日本の歴史も大きく変わっていたであろう。秀吉が朝鮮出兵の折、下関や肥前名護屋城で部下の兵士がフグ中毒で多数死んだ話があるが、全く幸運の男である。

「柳村の農民の記述によると与次兵衛の墓は切腹の場所なりし現製粉会社の境内にあり、高三尺位平目形の石にて刻字なし」と『郷土編年紀略』に書かれているが、この付近の墓石は鈴木商店の工場群建設により西生寺に集められたという話がある。

シーボルトの『江戸参府紀行』には、この与次兵衛碑の絵が正確に収録されており、その記事には「記念碑そのものは非常に簡素である。切り立った岩の真中に立っている約二メートル五〇の高さの四角い柱で、四面からなるピラミッド形の飾り屋根があって碑銘は

シーボルトが描いた与次兵衛碑（『NIPPON』より、提供：福岡県立図書館）

ない。手漕ぎの、たいてい小さい舟は与次兵衛瀬を右手にみて、薮の密生した低い舟島（現・巌流島）に寄港する……」と書かれている。しかし、関門海峡の地図を見ても与次兵衛瀬は見当たらない。何処にあるのだろう。海中にあり、時折顔を出すのだろうか。

だが、その謎は解けた。与次兵衛瀬は大変強固な岩場であり、航行の障害になる危険な場所で、古来「篠瀬」すなわち「死の瀬」とも言われていたが、その岩礁は海軍により大正元（一九一二）年から六年がかりで撤去されたのである。その場所はJR小森江駅の沖合いで関門海峡の中央に位置していた（地図3参照）。

大正期に撤去した与次兵衛の石碑は、昭和三十（一九五五）年四月、門司郷土会有志の方々の苦労により海中より引き上げられ、海難守護神として和布刈公園に再建されている。

和布刈公園にある与次兵衛碑

シーボルトの絵では四角いはずの柱が円柱であり、ピラミッド形の屋根が円錐形になっており、高さも二メートル五〇センチのはずが、約一メートルになっている。

「これは海峡の七不思議、ミステリーかもしれないわ」と歴女さんが言った。

実はこの石碑は海が荒れて数回流されており、その度に地元厚志家や小倉藩により再建されているためだと考えられる。シーボルトが見た長方形の大きな石碑は、きっと海中の何処かに沈んだままであろう。

またシーボルトは『江戸参府紀行』で「大里は小さな町である。下関に渡るには最短距離で楽な渡海地である」と書いている。彼は長崎から江戸に向かう道程で多くの絵を描いているが、北前船と思われる大型の帆船が通過する下関海峡の景観も正確に描写している。気が遠くなるほど遠いアムステルダム港の風景でも思い浮かべながら筆を運んだのだろう。

彼は長崎出島にあったオランダ商館の医官で、ドイツ人である。文政九（一八二六）年一月九日早朝、江戸参府使節の一員として長崎出島を出発し、江戸まで三千里の旅に出た。同年一月十四日に小倉入りし、常盤橋東の宿「大坂屋」に泊まった。翌十五日下関に向けて出発し、下関では六日間滞在したが、三日目の一月十八日に海峡を渡り門司の和布刈神社や与次兵衛瀬を訪れている。好奇心旺盛な彼は和布刈神社や干珠・満珠、さらには六連島《むつれじま》など海峡付近の地形、動植物、平家物語や源平の合戦まで調べている。

その後、文政十一（一八二八）年八月のシーボルト事件で国外退去の処分を受けることとなった。これは伊能忠敬の日本地図などを国外に持ち出そうとした事件である。彼に禁制の地図などを贈った幕府天文方・高橋景保は投獄され獄死したが、間宮林蔵が密告したという有力説もある。

大里の山の手にある戸上神社の創建は寛平年間（八八九－八九八年）である。柳ヶ浦の漁民が海中から引き揚げた光る玉を浜の松の下に置いたところ、天御中主神《あめのみなかぬしのかみ》のお告げがあり、これを枝折り戸に奉じて祀ったと伝えられる。この神社の石鳥居は大里に藩邸があった久留米藩より寄進されている。

戸上山頂は企救半島の素晴らしい景観が楽しめる所であるが、この山の周囲には鉱山を試掘した跡が数カ所あるという。また、延宝五（一六七七）年、大里銅山開発の記録があるが、この地区には石炭、金、銀、銅などの混在した地質があるらしい。しかし少量すぎて商業ベースには乗らないということである。小倉藩の御用商人であった中原嘉左右《なかはらかぞう》（一八三一－一八九四年）も、明治初期に政府が経営する生野鉱山と提携して北九州で銅山開発を手掛けて失敗し、大金を失っている。

「北九州市内では鉱山開発するほど鉱物が埋蔵された場所はないと思うが、山師気分で調査し、珍しい鉱石を見つけることも面白そうだ」と鉄男君が興味を持った。

29 関門鉄道トンネルは歓喜、そして幸運のトンネル

関門鉄道トンネルは大正八（一九一九）年に建設が決定されたが、関東大震災や世界恐慌の影響で計画は中止された。その後、陸軍などの強い要請を受け再び着工が決まり、昭和十一（一九三六）年九月十九日、小森江で着工式が挙行され、同年十月七日に試掘坑道工事が開始された。下関側は普通工法で順調に掘れたものの、門司側は軟弱地盤が多く、掘削が困難な状況であったが、シールド工法、開削工法、潜函工法などを駆使し、六年をかけ完成した。

昭和十六年七月十一日に全長三六一四メートルの海底トンネルが貫通した。当時の新聞記事を見ると、その日は国民を挙げて喜んだようで、朝日新聞の当日夕刊一面の大見出しは「土木日本の輝く凱歌　関門隧道けさ貫通　難工五年世紀の偉業成る　感激の扉今ぞ開く　構内を揺がす萬歳歓呼」、また当日の東京日日新聞の見出しは「本土と九州海底の握手　貫けり世紀の偉業　午前十一時関門トンネル開通　地底に涙の萬歳」と最高の賛辞を掲載している。

トンネル建設の栄誉ある人物は誰だろう。同年七月十日の「中外新報」見出しによると、生みの親は後藤新平と書かれている。「そもそもの初めは明治二十九年、博多商工会議所で開催した第五回全国商工会

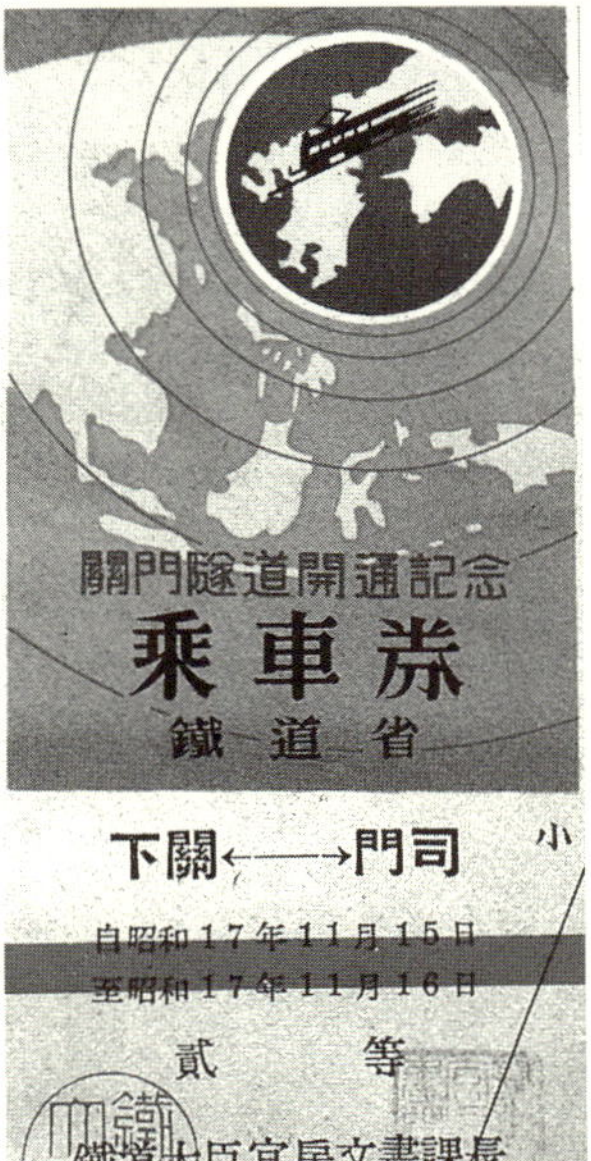

関門トンネル開通を祝う昭和17年11月15日の門司駅の光景（上）と、当日の記念二等乗車券（右）。特急「富士」は長崎まで延長された（提供：宇都宮照信氏）

議所総会に於ける提案である。勿論この提案は一顧だも与えられず葬り去られた。しかし、この案は明治四十四年時の鉄道院総裁後藤新平伯により取り上げられた。大風呂敷と言われた後藤新平こそ、実に関門海底トンネルの生みの親である」との記事である。さらに、同年七月十一日の大阪毎日新聞夕刊によると「トンネル生みの親、元鉄道相内田信也氏（一八八〇－一九七一年）と、最初のトンネル設計者田辺朔郎《さくろう》博士（一八六一－一九四四年）がおめでとうの喜色満面で駆けつける」とある。海底トンネル案を調査委託された田辺博士は、京都帝国大学教授で琵琶湖疏水工事の設計・施工に尽力され、京都では小学生でも知っている有名人であった。

関門トンネルは昭和十七年七月から貨物列車が運行し、同年十一月十五日より旅客列車も運行している。特急「富士」が長崎まで延長、特急「櫻」は鹿児島まで延長されたものの、急行に格下げされ愛称も廃止された。さらに上り線が昭和十八年十二月に開通し複線化されたが、戦争も激しさを増し、「富士」も昭和十九年四月、ついに廃止された。

戦乱は次第に拡大し、偵察機により関門トンネルの存在を知ったアメリカ軍の攻撃は、昭和十九年六月に関門トンネルの入口と目標誤認したと思われる大里黄金町付近の爆撃に始まり、その後も彦島橋梁の爆破などを試みようとしたが、天候不良で中止された。昭和二十年八月には二五トン高性能爆弾を積載した無人船四隻を日本船に偽装して響灘より侵入させ、上空より飛行機によるリモコン操縦でトンネルの上部に誘導し、爆発させて破壊しようと準備を進めたが、幸運にも間一髪、出航寸前に終戦を迎え、トンネルの破壊を免れたのである。

戦後の昭和二十八年六月二十八日、集中豪雨が北九州を襲った。山陽本線もついに正午ごろから四カ所が不通となり、関門鉄道トンネルは門司口、下関口の両方から濁水が侵入し水没する災害が発生した。岩国駅五時四十二分発佐世保行下り327普通列車は、下関駅を十時五十四分に出発し、門司駅に十一時四分に到着する予定であったが、豪雨により二十六分遅れて下関駅を十一時二十分に出発した。

EF10形電気機関車が牽引する長い列車は豪雨に霞みながらトンネルの中へ消えていった。その直後、トンネル中へ流れ込む雨水が急激に増加し、排水ポンプが機能しなくなる不運が列車を襲った。機関車が

昭和28年6月28日の北九州豪雨で、関門トンネル門司側口は滝のように濁流が流れ込んだ（提供：宇都宮照信氏）

濁水に浸かり停車すれば、列車は約八百人の乗客と共に水没する。列車は大事故の恐怖に追われながら、急いで門司側のトンネルに近づくと、出口の上部にある防護壁を越えて滝のように流れ落ちる濁流が目に入った。機関車の前後に二台あるパンタグラフが濁流に襲われスパーク破損する危険が迫ってきた。だが、機関士の機転の利いた判断により、前後のパンタグラフを上げ下げ操作して破損を回避し、列車は無事門司駅に到達した。運転士の懸命な努力で大惨事を防いだことは門司機関区の誇りにもなった。

この豪雨で門司機関区は泥に埋まり、関門トンネルも水没した。復旧作業は七月十九日までかかったが、その間は関門連絡船「長水丸」、「豊山丸」、二代目の「下関丸」、大島航路からの応援船である初代「七浦丸」が、下関―門司港―門司―小倉間で旅客や手荷物の輸送に大活躍した。

当日の朝日新聞夕刊には「門司・小倉両市を結ぶ延命寺トンネルも土砂に埋まって交通途絶、北九州の各都心部には濁水が音を立てて流れ込みはじめ、門司市は全市に『避難命令』を出した。しのつく豪雨の中に家財道具をまとめた避難者の群が痛ましく続いている」と書かれている。六月二十五日から二十八日まで降り続いた雨で九州北部の死者不明者は一一六六人、罹災者は一五四万人にもなり、空襲にも劣らない被害であった。

当時の土石流による山肌の傷跡は、灌木が生い茂り消えてしまった。災害や戦災の光景は風化しても、記憶は風化させてはならない。

30 門司駅近くの赤煉瓦建物は元・帝国麦酒の工場

関門鉄道トンネルを門司側へ出ると、海側にサッポロビール十一工場の一つである赤煉瓦造りの門司工場があった。この工場は、鈴木商店が大正元(一九一二)年に設立し、翌年完成した帝国麦酒で、大正二年七月に「サクラビール」を発売したことに始まる。その後、鈴木商店による原料買占めで大打撃を受けた大日本麦酒と合併し、社名も大日本麦酒となることで麒麟麦酒と対抗した。昭和二十四(一九四九)年に日本麦酒となり、昭和三十九年一月にサッポロビールと社名が変わった。平成十二(二〇〇〇)年、大分県日田市の新工場に移転し、門司工場は閉鎖された。

平成十八年、その場所に「門司赤煉瓦プレイス」が開業した。建物は四棟あり、元・事務所の「門司麦酒煉瓦館」は展示室、倉庫棟を改装した「赤煉瓦交流館」の中はレストラン「ARK」と「赤煉瓦ホール」。ドイツ製の醸造設備が保存されている「旧サッポロビール醸造棟」と、建設当時は工場内変電施設であった「赤煉瓦物産館」が保存建物となっている。

「海峡を望むビアホールで、フォークの生演奏を聴きながら新鮮なビールを飲めばパラダイスだわ」

「俺は美味しいギネスビールとソーセージやジャガイモ料理があれば満足だな。眼の前は長崎街道だし、

貴重な産業遺産・サッポロビール門司工場

旅籠のようなお店があればいいいな」

「若いころを思い出すわ。ミュンヘンのホフブロイハウスで騒いだあの夜は、老いも若きも皆フォークダンスで盛り上がったわ。高齢化が進む町には、老若男女が共に楽しめる愉快なお店が重要になってくると思うけど」

二人の取り留めのない話が続いた。

門司駅の北側（門司区中町）に東証二部上場の会社がある。高温、高圧弁のパイオニアであり、主に原子力・火力発電所向けバルブを製造している岡野バルブ製造である。同社は原子力発電所用バルブでは世界的メーカーになりつつあるが、社是「先進一歩」が発展の原動力かもしれない。

この会社は大正十五年、小森江矢筈町に岡野満（一八八九－一九七一年）が岡野商会を創業し、高温・高圧用バルブの製造を開始したことに始まる。彼は三菱合資会社建設係長であったが、独学の英語力で英国系企業バブコック・アンド・ウィルコックス社（世界最大のボイラーメーカー）の西部地区支配人を経て独立している。昭和九年に合資会社岡野製作所へ改称、昭和十年に本社を現在の場所に移転し、さらに、昭和十一年に岡野バルブ製造株式会社へと改称している。現在では沸騰水型（ＢＷＲ）原発向けバルブの国内シェアは八〇％を超えると推定されている。なおバルブは配管を流れる流体の量を調節する蛇口みたいなもので、大型サイズや流量を自動制御するものなどがある。

31 大里のざわめきも忘却の彼方に

柳ヶ浦停車場・大里駅、そして門司駅へ

明治二十四（一八九一）年四月一日開業の大里駅は、門司駅より四〇〇メートルほど北にあった。明治時代はメインストリートが大里宿を通っていたこともあり、駅の正面は海側を向いていたが、東側に国道が開通し山手側が発展したため、線路東側から来る乗客は線路をまたいで駅に行ったという。

大里駅は明治二十四年の開業当時「柳ヶ浦停車場」と言われていたが、明治四十一年に「大里駅」となった。明治四十一年は柳ヶ浦村が大里町になった年であり、九州鉄道管理局が発足した年でもある。しかし、明治三十年発行の陸地測量部地形図には駅名が「大里」と表記されている。江戸時代よりこの付近は大裡駅（駅とは宿場のことである）と呼ばれており、住民には大里の方が馴染んだのかもしれない。

関門トンネル開通に伴い昭和十六（一九四一）年九月一日、木造瓦葺の大里駅舎が現在門司駅がある場所へ移築された。移築した翌年の昭和十七年四月一日から大里駅は門司駅に改称された。

大正時代、大里は国鉄線路より東側を見渡すと田畑ばかりで住宅はまばらであった。その後、道路区画

整理が進められ、大正十二（一九二三）年に中大門町あたりを中心に町名が決められた。昭和に入ると整備された路に沿って民家も急速に増加し、大門町や柳町の通りが活気ある商店街に発展した。

国鉄の大里駅が移転してできた初代門司駅が昭和二十七年三月二十一日に建て替えられ、二代目門司駅が誕生した。九州で初めての民間資金による民衆駅として建設され、工費二三五〇万円をかけた事業であった。モダンな二階建ての白く明るい豆腐のように角張った駅舎が完成した。駅舎の断面形状は直角三角形になっており、その設計者は加藤正と佐藤昭二である。

この門司駅のデザインは東京駅八重洲口の戦後復興駅舎に大きく影響されていると思う。八重洲口は昭和四年十二月十六日に開設された。その後の戦災により東京は膨大な瓦礫が出たが、その一部が外堀に捨てられ埋立てられて昭和二十三年十一月十六日に再建された。しかし翌年の昭和二十四年四月二十九日、駅舎内にあった日本食堂工事現場からの失火で焼失してしまった。この焼失した駅舎は門司駅同様に白色のモダンな駅で、建物断面は直角三角形構造であり、当時の写真を見ると門司駅と酷似している。その設計者は戦前御茶ノ水駅を、戦後は池袋駅西口など民衆駅の設計を手掛けた鉄道省工務局建築課の伊藤滋である。

両駅とも南欧の明るさを感じさせるデザインで、戦後復興期の心意気が伝わってくる駅舎であった。門司駅は屋外に面した円柱と、コンコースの円柱が印象的で、改札口の左手には切符売り場、右手には待合室が広く取られていた。この駅の二階にも当初「みかど食堂」があった記憶があるが、列車を降り改札口から出てくる旅行客は少なく、ひっそりとしていて、戦前の門司港駅の活気には全く敵わなかった。駅前北側には当時の小さな食堂が今も数軒残っている。

2代目門司駅（現・門司駅）のコンコース風景。右奥は待合室、左下は改札口、階上には食堂があった（提供：宇都宮照信氏）

改札口から地下通路を抜けて出る島式プラットホームが四面八線あったが、海側のホームは再開発のため近年廃止された。

プラットホームには長距離列車乗客のために立食いうどん屋や水道の蛇口が連なった洗面所があり、駅弁売りの人も多くいた。早朝、東京や関西方面からの夜行列車が到着するたびに、蒸気機関車の煤煙で汚れた乗客は、皆ホームで顔を洗い身だしなみを整え、駅弁やお茶を買っていた。門司駅は機関車の交換作業があり、停車時間が非常に長かったためである。この光景は山陽新幹線が博多まで開通する昭和五十年まで続いた。

鉄男君は「明治の名駅だった二代目博多駅同様、数少ない戦後復興期のメモリアル的な存在であった旧・門司駅も取り壊されてしまったけれど、これも移り変わる時代の一コマだろうね」と感無量であった。建物の老朽化も進んでいた旧・門司駅は平成十六（二〇〇四）年、合理的な三階建ての橋上駅舎に建て替えられ、新駅の構内には店舗や立体駐車場が備えられている。

映画館・ビンゴ屋・競輪場のざわめき

戦後の門司駅正面はパチンコ店の前身であるビンゴゲーム店「駅前ビンゴ」を始め、薬局、書店、大衆食堂などが建ち並び、大分銀行のあたりには「はごろも綿」という製綿工場があった。戦後の手軽なギャンブルとして昭和二十五（一九五〇）年五月に競輪場も近くに開設された。開催日の不老通りには、競輪場を目指して黙々と歩く小父さんたちの行列姿があった。近くの映画館「若草映劇」「大里東映」や演芸場「共楽座」も賑わっており、昭和三十年代には洋画専門の「大里金星」も新しくできたが、次第に町のざわめきも遠ざかり、最後に残った競輪場も平成十四（二〇〇二）年三月に廃止された。

門司は映画最盛期の昭和三十年ごろに十二軒もの映画館があったが、今は一軒もなくなり侘しいことである。大里電停近くの本町一丁目にあった「大正館」は大正九（一九二〇）年「松濤館」と改名し活動常設館（映画館のこと）となったが、火災により昭和十二年、大杉町一丁目に移転し、昭和二十年二月の企業整備で終戦まで休館となった。戦後に大映映画封切場「平和キネマ」の名称で再び開業し、その後、館名が変わったが、正確には覚えてない。さらに昭和三十年ごろに「ロマン座」を経て「大里東映」になった。昭和七年に大里東通町に建てられた松竹再映の「喜館」は、数年後閉鎖され、昭和十年代に不老町二丁目に「第二松竹座」が開業して、昭和十七年「松竹映画劇場」と改名し、戦後「若草映画劇場」になった。戦時下に造られたためか質素な内装で、スクリーンの幅は四メートル程度と小さかった記憶がある。

戦後、門司市内にあった映画館のうち、テアトル金星、新世界、銀映、門司東映、有楽、若草、大里東映、大里金星、第二銀映の九軒を所有していたという映画館主の多川直彦が経営する多川商会の事務所は、「若草」の建物内にあったという。彼の実家は馬場遊郭の「一福楼」や「明月楼」を経営していたというから、門司興業界発展のルーツは奥が深い。

葛葉の電停前にあった「第二銀座劇場」も、戦後の混乱期に花菱アチャコやエノケン、エンタツの喜劇映画で市民の心を明るくした。この映画館は大正十年開業の「新羅館」に始まり、大正十五年ごろ「豊国館」と改名した。昭和二十年二月の企業整備で休館となったが、戦後、洋画封切館「門司セントラル映画劇場」の名称で再開し、昭和二十四年時点で同名である。その後「第二銀映」になった経歴がある。

門司市の南東に位置し、セメント原料の石灰岩山地で賑わった恒見方面の映画館はどうだったのだろう。昭和十五年一月時点で企救郡松ケ江村大字恒見に「大和館」があったが、昭和二十年二月の企業整備で休館した。戦後、恒見字前田に「恒見東映」があったというが、戦前の大和館が恒見東映に改名したのではあるまいか。また、戦後になると井ノ浦地区に「恒見映画劇場」が開館し、恒見一九三一番地の浦中地区には「昭和映劇」もあったというが、この地区に三軒も映画館があったとすれば住民数と比較して意外である。

大里寺内町の異人屋敷は幻か

テノール歌手の藤原義江は、大正から昭和にかけて日本オペラ界の中心的な存在であった。明治三十一（一八九八）年八月二十一日、母の実家、大阪で生まれ、昭和五十一（一九七六）年に没した。母の坂田菊子は下関の琵琶芸者、父のネィル・プロディ・リードはスコットランド出身のイギリス人であったが、ノルウェー人との説もある。父親のリードは下関より大里の邸宅に移転し、藤原義江も若きころに大里を訪れている。

彼は大分、大阪の生活を経て十二歳の時に上京し、大正六（一九一七）年に新国劇に加わり、大正七年、戸山英次郎の名で浅草オペラにデビューした。大正九年、二十二歳の時イタリアミラノに遊学、昭和九年に藤原歌劇団を組織してオペラの振興に活躍した。小生も子供のころ耳にした「波浮《はぶ》の港」や「出船の港」「鉾をおさめて」は今も記憶に残る。

《磯の鵜の鳥ゃ日暮れにゃ帰る　波浮の港にゃ夕焼け小焼け
　明日の日和はヤレホンニサなぎるやら》（作詩・野口雨情）

彼の自伝『流転七十五年——オペラと恋の半生』によると、大正八年、彼が二十一歳の時、大里に住んでいた父の家を訪ねている。「大里駅から水無荘《すいむそう》の上り口まで人力車で行き、そこから坂を一気に駆け上がり呼び鈴を押すと真っ先に（下関時代より）コックをしている村田老人が飛び出してきた。村田老人は『若さま、本当によくご成人なさいましたな』と泣かんばかりだった。奥からスリッパの音を立てて父が駆けつけてきた……」と書かれており、玄界灘を見下ろす山腹にある父の邸宅「水無荘」で、親子水入らずの三日間を過ごした思い出であったと振り返っている。スカンジナビア三国の名誉領事で下関の瓜生商会支配人になった義江の父リードが、ポルトガル名誉領事でナター商会を経営していたナターと知り合う縁があり、大里のナター家に隣接する敷地に自宅を建てたのではあるまいか。

翌年の大正九年、父が脳溢血で死去し、下関で葬儀が行われた。父親の巨額な遺産が入り、その年の三月に単身でイタリアのミラノに遊学した。

「先輩、水無荘は何処にあったの」と歴女さんが私に聞いた。

「地元の郷土史研究者により大里寺内一丁目十番三号であることが特定されているんだよ。そこは偶然にも小生が小学校一年生のころ、机を並べていた友達のS君が住んでおり、遊びに行った記憶があるんだ。戦後の大変な住宅難の時代で、この家には複数の世帯が居住しており、元・ポルトガル領事館であったと子供心に思い込んでいたよ」

この家の上り口は大里梅ノ木小路より松ケ江方面に向かう古道と田畑川という小川が傍にあり、当時は人里を離れた館で魔女が出そうなほどひっそりとした森の中に佇んでおり、地元では「水無城」とも呼んでいたらしい。

なぜ「水無荘」と命名したのだろう。明治時代の地図を見ると、大里地区の山麓には溜め池が三十以上あり、水無荘の近くを流れる田畑川は寺内町の溜池「東源寺池」から始まり、大門町と黒金町の間を流れて八坂神社の近くより海に注ぐ川である。私の勝手な想像であるが、この川はその昔に水無川と呼ばれていたが、灌漑《かんがい》用水路の田畑川と繋がって下流で水路が途切れてしまい、河口付近のみ残ったのではなかろうか。そのころ、水無川の脇にあった小さな山を誰となく水無山と言ったのではあるまいか。標高三二メートルの水無山山腹に水無荘があった。

水無荘の上り口西側にチークのような幹をした巨木が十本ほど一列に立ち並んでいた。きっとナターさんかリードさんが思い出の木を植樹したのだろう。今は伐採され面影もないが、樹木図鑑を見るとユーカリの木だったかもしれない。

昭和に入ると、水無荘の西下側に繋がる黄金町の道路も完成し、寺内町には神戸製鋼所の社宅が建てられた。戦後になると、「君の名は」が大ヒットした昭和二十八年にこの近くの丘が削られ、沼が埋立てられて小学校が開校した。寺内の東源寺池も、昭和三十三年に開通した北九州道路の建設用地となり消えてしまった。

時を重ね、時に流されるように大里駅も水無荘も消え去った。

《忘却とは忘れ去ることとなり　忘れえずして忘却を誓う心の哀しさよ》

32 ブルートレイン・特急・急行

昭和二十八（一九五三）年三月十五日、戦後初の九州方面行特急「かもめ」が京都－博多間にさっそうと登場した。門司－博多間の「かもめ」を牽引したC57形11号蒸気機関車のヘッドマークやデフレクターは、御召し列車のように立派な金色のモールで厚化粧を施していた。C57形SLは貴婦人と呼ばれるが、派手に着飾った貴婦人が鹿児島本線を驀進《ばくしん》していたのである。

昭和十二年の汽車製造会社製でK－7門鉄型デフレクターを付けたこの機関車は何処へ消えたのだろう。解体されないことを願っていたが、山陰本線豊岡駅近くの豊岡中央公園に静態保存されていることがわかった。再び厚化粧を施し門司港機関区に帰郷すれば、レトロ門司の人気女優になる素地は充分にあるだろう。また、スマートな曲線のK－5門鉄型デフレクターに装飾を施したC57形65号機関車も「かもめ」を牽引していたが、このSLは現存しない。これらのSLは昭和三十一年の東海道全線電化によりC59形が本州から門司港機関区に移動配備されるまで、かもめ牽引に活躍した。

「かもめ」がスターであった昭和二十年当時の門司港機関区には、客車用のC57形、C12形、門司機関区には、貨物用の9600形、D51形、D52形、C11形が配備されていた。後に特急も増え、昭和三十七

年改正ダイヤで門司駅より小倉方向に特急を牽引する機関車は、

さくら……C61形（鹿児島機関区）

あさかぜ及びはやぶさ……C59形（門司港機関区）

みずほ……ED72形　ED73形（門司機関区）

国鉄の花形列車が門司駅を後にして力強く走り去った時代である。

昭和四十三年十月一日ダイヤ改正時の門司駅に停車、または通過する特急、急行（季節列車を含む）は五十四本（往復一〇八本）もあり、全国を走っていた特急急行の約半数が門司駅を賑わした。

特急列車は、富士、さくら、かもめ、あさかぜ1号及び2号　みずほ、はやぶさ、つばめ、金星、はと1号及び2号、彗星、みどり、なは、日向、明星、月光1号及び2号、有明、まつかぜ、である。

急行列車は、霧島、高千穂、つくし1－3号、阿蘇、玄海、天草、雲仙1号及び2号、西海1号及び2号、桜島、ながさき、日南1号及び3号、ことぶき、べっぷ1－3号、しろやま、さんべ1－3号、しらぬい、はやとも、あきよし、青島、かいもん1－3号、くまがわ、あさぎり、ひまわり、である。

「あさかぜ」は昭和三十一年十一月十九日に始まるが、昭和三十三年十月、走るホテルと呼ばれた20系列車の編成による初代ブルートレインに変身し、松本清張の小説『点と線』にも出てくることになった。

ブルートレインは戦後の日本人に様々な思い出と多くのドラマを創ったが、平成六（一九九四）年十二月三日の寝台特急「みずほ」の不定期列車化に始まり、年を追うごとにその数を減らしていった。そして平成二十一年三月十三日の「はやぶさ・富士」を最後に、門司駅からその雄姿が消えてしまった。

最終時は日豊本線大分行で幕を閉じた「富士」は、栄誉ある列車番号1及び2の優等列車であった。昭

鳥栖機関区に所属したＣ60形蒸気機関車は博多－長崎間で特急「さくら」を牽引した（撮影：宇都宮照信氏）

和四年九月十五日に愛称名が付けられた最初の特急「富士」は、東京－下関間の一・二等特急として運行が始まった。関門鉄道トンネル開通により上海航路に直結するため、昭和十七年十一月十五日より長崎まで延長運行され、八十二年間も東海道、山陽路を走った。ただし、昭和十九年四月一日に一旦廃止され、昭和三十九年十月一日に再開した経歴がある。

西村京太郎の小説『寝台特急殺人事件』に出てくる特急「はやぶさ」は、最終時「富士」と東京－門司間で連結されていたが、鹿児島本線・熊本行であった。

列車番号3及び4の特急「櫻」も、昭和四年九月十五日に東京－下関間の三等特急として運行を開始した。昭和十七年十一月十五日に鹿児島まで延長されたが、急行列車に格下げされ愛称名も廃止された。昭和二十六年四月一日より同年三月十日までの短期間に臨時三等特急「さくら」として東京―大阪間で運行後、廃止されたが、昭和三十年に再び東京―大阪間臨時特急「さくら」として復活し、昭和三十三年十月一日に廃止された。

昭和三十二年七月二十日に東京―博多間臨時特急「さちかぜ」が登場し、同年十月一日の改正で定期列車に格上げされ長崎まで延長されたが、翌年の昭和三十三年十月一日に愛称が特急「平和」に変更された。さらに一年後の昭和三十四年七月二十日より愛称名が「さくら」に改められブルートレイン編成となった。「さくら」は「あさかぜ」と共に戦後世代に数多くの思い出を残した列車であるが、平成十七年三月一日に再度廃止された。しかし平成二十三年三月十二日、九州新幹線全線開通に伴い、気軽に乗れる新幹線特急「さくら」として再度復活した。

当時、日本最長距離列車は東京―西鹿児島間を走る急行「高千穂」で、運行距離一五七三・五キロ、所要時間は下り三十一時間二十八分、上り三十一時間〇三分を要した。航空機が普及していないころの乗客や乗務員の苦労が偲ばれる。

ざわめきと活気で門司のプラットホームを賑わした人々や、SL運転で日々苦労を重ねた機関士さんたちは何処に消えたのだろう。豊岡でコウノトリを見ながら特急「かもめ」を思い出しているC57―11マイフェアレディーさんや、横川駅近くでフクロウと暮らしているEF30―20リージェントボーイさん、石狩沼田町で寂しく雪を眺めているクラウス15ばあさんたちが帰郷すると、皆が一斉に戻ってくるだろう。

33 銀河鉄道999は門司駅が故郷かもしれない

松本零士先生は幼少のころ、鹿児島本線近くの小倉に住まわれていたが、列車が通過する時の振動で住宅が倒壊しないかと怯えながら生活していたそうである。先生も列車好きで子供のころ「いつか列車で東京へ行こう」と思っていたらしい。ついに漫画の仕事で蒸気機関車が牽く夜行列車に乗り、二十四時間かけて東京に旅立った。その体験が「銀河鉄道999」創作のきっかけになったという。

鉄男君の母親も修学旅行で東京に行った一人である。母親の話によると「その時、私が乗った夜行列車は『地獄鉄道333』だったの。窮屈な座席に二十四時間も座っていると、腰は折れるかと思うほど痛くなり、スチーム暖房はサウナのように熱くてたまらなくなって、制服を脱ぎ捨てたわ。夜汽車の旅はクッションや枕などが宙を飛び交う騒ぎで寝る暇などなかったわね」と語っていた。

銀河鉄道999号は何処にいるのだろう。この列車発見の手掛りは勿論C6250蒸気機関車から始まる。その機関車は銀河鉄道株式会社に転籍するまで山陽本線を走っていたに違いない。

当時、田舎の鉄道少年の憧れはC62形蒸気機関車とEF58形電気機関車であったが、西日本地区に在籍するC62は、山陽本線の特急・急行などを牽引していた。また、国鉄時代の999号は小倉駅で乗車でき

昭和31年11月19日改正　東京ー九州間の急行列車

列車名	阿蘇	西海	高千穂	霧島	雲仙	(特急) あさかぜ	筑紫	さつま
列車番号	31	33	35	37	39	7	41	43
東京発	10：00	10：30	11：00	13：00	13：30	18：30	20：30	21：45
門司発	6：15	6：40	7：32	8：46	9：35	10：43	18：15	20：45
終着	10：35 筑豊本線経由 熊本	11：06 佐世保	18：28 日豊本線経由 西鹿児島	17：10 鹿児島	14：38 長崎	11：55 博多	19：45 博多	5：46 鹿児島
列車番号	32	34	36	38	40	8	42	44
始発	18：40 熊本 筑豊本線経由	18：15 佐世保	10：50 西鹿児島 日豊本線経由	12：50 鹿児島	14：30 長崎	16：35 博多	8：30 博多	23：30 鹿児島
門司発	23：06	22：39	21：47	21：47	19：27	17：48	9：57	8：53
東京着	19：08	18：23	17：53	17：25	15：40	10：00	7：46	6：25

る東京行急行列車として運行していたことも発見の手掛りになる。

急行「銀河」は東海道本線をＥＦ58の牽引で走っていたので、銀河鉄道とは無縁である。そうすると「銀河鉄道９９９」の正体は表の小倉駅停車八本の列車に絞られるかもしれない。この列車の中でＣ６２５０が牽引していたのはどの列車だろう。

列車選別は重要であるが、旧・東北本線の銀河鉄道は宮沢賢治に由来するから乗り違えないように。銀河宇宙旅行のつもりが岩手県の山中に迷い込んでしまう。

最近はメーテルが隣席に乗っている夜行列車もなくなってしまった。しかし失望することはない。「ふるさと銀河線」のオーロラハウスで、終着駅アンドロメダを目指す９９９号を銀河の中に見ることができるかもしれない。その場所は鉄道時刻表でも見つからないが、ヒントは「りくべつ鉄道」である。

アンドロメダ管理局の列車基地は、門司鉄道管理局の列車基地と時間城にいるレリューズの時空を超えたテレパシーで結ばれているのではあるまいか。

私たちは調査のためＪＲ鹿児島本線で小倉方面に向かうこと

にした。山側の高台に奇怪な電光標示灯が見えるではないか。何であろう。

鉄男君と歴女さんは考え込んだ。

「私は門司の列車基地に着陸する銀河鉄道列車の案内灯と思うわ。きっとEまたはWの表示は離着陸の侵入方向で、東または西の方向を指示しているのよ」

「次に0から13の数字が表示されるよ。きっと列車進入角度だと思うね」

「続いて、上向き矢印と下向き矢印が出るわね。上向きは出発、下向きは入線の連絡表示だと思うわ」

実は、これは潮流信号である。EまたはWは潮流方向が東向きか西向きかを表示しており、0から13の数字はノット単位の潮速表示で、上向き矢印は潮速が次第に早くなり、下向き矢印は遅くなる予報である。潮流信号所は関門海峡に三カ所、来島海峡に五カ所ある。電光表示方式ができる以前の方法は、昼間は腕《うで》木《ぎ》式の表示機で、夜間は赤白の照明灯であった。

海峡の複雑な潮流を考えながら行き交う船を眺め、メーテルのような彼女を想えば、楽しさも少しは増すかもしれない。

なお、潮流速度日本一は鳴門海峡で、二番は来島海峡、三番は関門海峡である。また、潮流が世界一速く無数の渦が発生する場所はノルウェー北部のフィヨルド海岸に面するサルトストラウメン海峡である。

門司に999号の列車基地は見つからなかったが「最近、その基地は北九州高速鉄道モノレール小倉線に移動し、メーテルは北九州空港で昼寝をしている」という未確認情報もある。

34 近代門司の地名変遷

「正保国絵図」（一六四七年）の豊前図によると、規矩郡（後の企救郡）の地名は、門司、楠原、田野浦、小森江、内裏（後の大里）、二十丁、柳、原町、馬寄《まいそ》、馬寄新町、吉志、恒見、畑、今津、猿喰、伊川、柄杓田、北久（後の喜多久）、大積、黒川、白野江の二十一カ村であり、文久元（一八六一）年の「豊前国絵図」や明治二十（一八八七）年の村合併時の地名に大きな変動はない。

明治　二十年……門司村、田野浦村、伊川村、柳ヶ浦村が成立。

明治二十二年……市制町村制施行により企救郡文字ヶ関村、東郷村、松ケ江村、柳ヶ浦村となる。

文字ヶ関村は門司、楠原、田野浦、小森江の旧・四村。

東郷村は柄杓田、喜多久、大積、黒川、白野江の旧・五村。

松ケ江村は吉志、恒見、畑、今津、猿喰、伊川、平山の旧・七村。

柳ヶ浦村は大里、二十丁、柳、原町、馬寄、新町の旧・六村。

明治二十七年……文字ヶ関村が門司町になる。

明治三十二年……市制施行して門司町が門司市となる。

明治四十一年……町制施行して柳ヶ浦村が大里町になる。
大正　十二年……大里町を門司市に編入。
昭和　四年……東郷村を門司市に編入。
昭和　十七年……松ケ江村を門司市に編入。
昭和三十八年……五市合併により北九州市となる。

35 さようなら門司、さようなら海峡

「門司駅前」の小倉寄りにある電停「原町」から「新町」までの西鉄電車区間は直線コースであり、そばを走る国鉄線と競うかのようにハイスピードで走る愉快な区間であったが、追いかけてくる平家の怨念から逃れるため、一生懸命に速度を上げ小倉方面に逃げ帰っていたのかもしれない。途中に馬寄口《まいそぐち》電停（後の社ノ木）が新設され、電車の速度も落ちたが、平家の怨霊に捕まることはなかった。正面に、小倉北区の手向山トンネルがいよいよ見えてきた。私たちの門司・海峡探訪も終わりである。

門司港はアジア欧州への一大貿易港として繁栄した。現在でも人気がある偉大な先人たち、出光佐三、佐藤栄作、林芙美子、金子みすゞ、夏目漱石、松本清張、アインシュタイン博士などが、若きころ、勇気と情熱を胸に駆け抜けた桟橋通り。日銀はじめ金融・商社が建ち並ぶ本町の通り。鈴木商店などが経営する先進的な大里の工場群。活気に満ちた海岸通りの倉庫群。華やかにきらめいた内本町界隈の賑わいが門司にあった。

また、財を成した少数の企業家や相場師。山手沿いの社宅や官舎に住むエリートサラリーマン。堀川近くのスラム街には今日の寝床にも困る貧困の港湾労働者。哀しい遊郭の娼婦たち。そして料亭文化に華や

いだ芸者衆の存在が際立つ街であった。

全ては、平家物語の如く海峡の潮流と共に波間に消え去ってしまった。

戦乱は全てを砕き、寂れた街の中から新しい息吹が芽生え、平和で静かなレトロの街へ変身した。貿易の主流はアジアに移りつつあるが、再び海峡の重要性が見直され、ダイナミックな潮の流れのように活動的な町に発展するかもしれない。

《あした浜辺を　さ迷えば　昔のことぞ　しのばるる
風の音よ　雲のさまよ　よする波も　かいの色も》

（作詩・林古渓）

参考文献

『角川日本地名辞典40　福岡県』角川書店
『大日本地名辞書　西国』冨山房
『福岡県百科事典　下巻』西日本新聞社
『日本人名大事典』平凡社
『門司市史　第二篇』門司市役所、1963
『小倉市史』小倉市役所
シーボルト著、呉秀三訳註『江戸参府紀行』雄松堂書店、1966
寺島良安著、島田勇雄ほか訳注『和漢三才図会』平凡社、1989
河井継之助著、安藤英男校注『塵壺——河井継之助日記』平凡社、1974
林芙美子『放浪記』新潮文庫、1979
宮田俊行『林芙美子——「花のいのち」の謎』高城書房、2005
岡俊彦『現代日本文学アルバム13　林芙美子』学習研究社、1974
権田萬治編『新潮日本文学アルバム49　松本清張』新潮社、1994
松本清張『時間の習俗』新潮社、1972
阿刀田高編『松本清張小説セレクション第33巻』中央公論社、1995
高倉秀二『評伝出光佐三——士魂商才の軌跡』プレジデント社、1990
細川隆元監修・衛藤瀋吉著『日本宰相列伝22　佐藤栄作』時事通信社、1987

高橋是清『高橋是清――立身の経路』日本図書センター、１９９９
古川ロッパ『古川ロッパ昭和日記・戦前編』晶文社、１９８９
梶原正昭、山下宏明校注『新日本古典文学大系45　平家物語下』岩波書店、１９９３
中石孝『平家れくいえむ紀行』新潮社、１９９９
城山三郎『城山三郎全集7　鼠・乗取り』新潮社、１９８０
古川達郎『鉄道連絡船１００年の航跡』成山堂書店、１９８８
反町昭治『鉄道の日本史』文献出版、１９８２
原田勝正『日本鉄道史――技術と人間』２００１
「Rail Magazine」ネコ・パブリッシング
「鉄道ピクトリアル第47巻第12号」鉄道図書刊行会、１９９７
かわぐちつとむ『食堂車の明治・大正・昭和』グランプリ出版、２００２
三宅俊彦『日本鉄道史年表（国鉄・ＪＲ）』グランプリ出版、２００５
鈴木文彦『新版　日本のバス年代記』グランプリ出版、１９９９
木下良監修、武部健一著『古代の道――完全踏査　続』吉川弘文館、２００４
長野暹編『街道の日本史50　佐賀・島原と長崎街道』吉川弘文館、２００３
山本鉱太郎著『日本列島なぞふしぎ旅　九州・沖縄編』新人物往来社、１９９２
平塚柾緒編著『米軍が記録した日本空襲』草思社、１９９５
工藤洋三、奥住喜重編著『写真が語る日本空襲』現代史料出版、２００８
第一復員省資料課編『日本都市戦災地図』原書房、１９８３
隈部五夫著『機雷掃海戦――第一五四号海防艦長奮戦記』光人社ＮＦ文庫、２００８

海上労働協会編『復刻版日本商船隊戦時遭難史』成山堂書店、２００７
松井邦夫著・画『日本商船・船名考』海文堂出版、２００６
竹野弘之著『ドキュメント豪華客船の悲劇』海文堂出版、２００８
安江良介『新日本古典文学大系60　太閤記』岩波書店
桑田忠親著『豊臣秀吉研究』角川書店　１９７５
小瀬甫庵原著、吉田豊訳『太閤記』教育社、１９７９
長府毛利家編『毛利家乗第２　復刻』防長史料出版社１９８０
渡辺重春著、渡辺重兄校、今村孝次著『豊前志』二豊文献刊行会ほか、１９３１
吉永禺山編『郷土編年紀略』門司郷土会、１９６３
米津三郎『北九州の１００万年』海鳥社、１９９２
阿奈井文彦『名画座時代――消えた映画館を探して』岩波書店、２００６
能間義弘『図説福岡県映画史発掘　戦前篇』国書刊行会、１９８４
藤原義江『流転七十五年――オペラと恋の半生』主婦の友社、１９７４
神崎宣武編『食の文化フォーラム20　旅と食』ドメス出版、２００２
武内博編著『来日西洋人名事典』日外アソシエーツ、１９８３
官報、大阪朝日新聞、大阪毎日新聞、門司新報、中外商業、福岡日日新聞、その他

佐々木いさお（ささき・いさお）
1944年、北九州市生まれ。立命館大学理工学部卒業後、鈴木シャッターに入社。執行役員、技術本部長、品質保証部長を歴任。現在、不動産賃貸業を自営。

歴女・鉄男と訪ねる
門司と海峡
れきじょ・てつおとたずねる　もじとかいきょう
■
2013年3月11日　第1刷発行
■
著　者　佐々木いさお
発行者　西　俊明
発行所　有限会社海鳥社
〒810-0072　福岡市中央区長浜3丁目1番16号
電話092（771）0132　FAX092（771）2546
印刷・製本　大村印刷株式会社
ISBN 978-4-87415-879-1
JASRAC 出 1300980-301
http://www.kaichosha-f.co.jp
［定価は表紙カバーに表示］

西海岸一号岸壁に停泊する大連航路「吉林丸」

門司港桟橋の関門連絡船「豊山丸」